图解服务的细节
104

安売り王一代　私の「ドン・キホーテ」人生

廉价王
我的"唐吉诃德"人生

［日］安田隆夫 著
李优雅 译

人民东方出版传媒
People's Oriental Publishing & Media
東方出版社
The Oriental Press

序 言

年轻人啊，搜肠刮肚也要突破困境！

主动退位的宣言

　　1978年，当我在东京西荻洼开始经营一间面积仅有18坪（1坪约为3.3平方米）的廉价商铺"小偷市场"时，才不过29岁。后来我一人白手起家，把"唐吉诃德"做到现在。后者已成为年收入高达6840亿日元（截至2015年6月结算月）、营业利润391亿日元（同期）、员工人数约3.2万人（含兼职人员）的巨型零售商。从1989年第一家店开业至今，"唐吉诃德"已经连续26年保持着盈利与收入的增长，这是一项依然处于持续更新中的超级纪录。即使放眼整个零售行业它也是史无前例的纪录。如果能实现眼下的中期目标，那么在不久的将来，唐吉诃德就会升级成为1兆日元规模的巨头企业。完全有可能与永旺、7-ELEVEn这两大巨人齐头并进，成为零售业界的第三极势力。

幸而我自己这辈子身体健康，从未生过什么大病。通过字里行间，想必读者们多少能够感受到，我是一个体力和精力都相当充沛的人，完全不想输给任何年轻人。即便到现在，我都会时常去冲绳、帕劳等南部海域尽情享受自己所爱的海上运动。

公司的业绩保持着稳健增长，我的身体也一直保持硬朗。因而我的决策能力完全没有受到任何一方的影响。

不过，我还是做出了要在2015年6月底，从唐吉诃德控股公司董事长兼CEO一职，以及日本国内集团各公司的董事职务上全身而退的决定。

其实很早之前我就考虑好了，要在65岁时离开企业经营者的岗位，悠闲自在地享受余生。并且要在体力、精力、智力都游刃有余的时候以自己的意志选择离开。这对我来说不算是"自然引退"，我倒更愿意称之为"主动退位"。虽然比原计划晚了一年，但能将公司托付给自己可信赖的员工而且走得干净利索，这对企业经营者来说是件无比幸福的事。

假如我到70岁还在担任CEO，大概就没有信心做出主动退位的决定了。倘若我到离世前都不愿对公司放手，恐怕晚年只会更为难堪吧。家族世袭这种想法我也从未考虑过。因为光是一想都觉得厌恶。这种"倚老卖老"不愿给年轻人留机会的想法，还是在我这里结束比较好。

这也正是我想在可以做出正确判断之时主动退位的根本原

因。跌落谷底才会遇见"福气"。

这样一写，大概会让人觉得唐吉诃德与我的人生都是一路畅通无阻。然而实际的经历与此大相径庭。

年轻的时候，我总是什么事情都做不好，常常因此备感苦闷。不仅无法适应学校生活，进入社会后也无法适应企业组织那种环境。既没钱，也不招女生们待见。总想做成一桩大事。但自己当时一无所有，连到底能够做些什么都搞不清楚。

也许那时的我，还没有办法去处理心中所积攒的"内压"吧。

尤其是在我毕业后入职的第一家公司倒闭后，一直到"小偷集市"创业前的那五年时光，几乎没有过稳定工作、只得靠赌钱为生。

甚至在我下定决心要经营"小偷集市"之后，也不断遇到各种困难。好不容易进到了货，却根本卖不出去。请不起帮工，只能一个人照看店面。因为经常有人偷东西，所以连去洗手间的时间都没有。真的是"屋漏偏逢连夜雨，船迟又遇打头风"。

好不容易积累了一点做生意的经验，做足了准备于1989年开始经营唐吉诃德的一号店，却又几经波折、灾难不断。不仅营业额没有达到预期，员工更是接连提出离职。90年代末，居民间还突发了针对开店、夜间营业的反对运动。2004年又接二连三地遭遇了店铺纵火事件,这些都是针对唐吉诃德的极其负面的事件。让企业一而再、再而三地面临关门停业的境地。

不知道有多少次我想着已经别无他法,只能选择关门,我的人生大概也就这么完了吧……一个人在绝望边缘痛苦挣扎。

这时候的我总是会痛苦地呻吟、冥思苦想,不是冷静地、理性地分析,而是为了找到绝地逢生的活路去竭尽全力地思索。就算是为了应急而临时抱佛脚也行。哪怕只能挺过一分钟,我也要想出个苟延残喘的办法才肯罢休。

于是,灵感如同受到上天召唤般降临了。我瞬间就想到了解决的办法。当我半信半疑地尝试这些办法之后,竟然还真的把问题都解决掉了。而且还促成了一次又一次的事业成长与扩张……我的唐吉诃德正是这样一步步发展起来的。若是将危机比作"祸",将成长比作"福",唐吉诃德正是本色演绎了"祸兮福所倚,福兮祸所伏",其他企业可以说是无出其右。这是因为在每逢绝境之时,唐吉诃德总能唤来新的福气。

当然,在遇到灾祸时,只是默默地忍受着痛苦,等待好运降临也许会是明智的选择。可是,无论是人生还是企业经营,哪里会有这么简单呢?不管你如何想要摆脱灾祸,终究还是逃避不了命运的摆弄。还不如放下对灾祸的恐惧,认真思考如何才能将其转化为福气。

之所以没被接二连三的灾祸击垮,就是因为我热爱我的公司和我的员工们，并愿意为其倾尽一生而努力。有了无论如何也想要保护唐吉诃德的信念，并为之付出超乎常人的努力后，就会有意料之外的智慧与联想。

而且，往往就是在那些绝境关头，才会发现潜藏的福气之源。

总而言之，唐吉诃德的企业发展史既壮烈又极富戏剧性，这之中也映射着我自己的人生。

打破常规的思路是"授权"

如果用一个词来总结唐吉诃德的企业本质，那就是"授权"。

在初创阶段就能实现急速成长的企业，往往离不开个性强硬的独裁管理者与上传下达的管理体制。这种做法不能说一定是错的。在新兴行业里，这种因管理者突出的领导力而带动企业成长的案例并不少见。尤其在零售行业中的连锁加盟领域，这种情况更加普遍。

可我偏偏选择了与这种行业定律背道而驰的方式。虽然也是不得已而为之，但是正因为背道而驰的做法，反倒让我培养出了任谁都无法取代的企业。

比如，早在唐吉诃德一号店刚开业的时候，我就将店铺内从商品采购、陈列摆设到营销策略等所有业务都授权给下属去办，自己不再出面干涉。这种做法完全颠覆了业界的常识，但对于我是当时出于无奈而做出的决定。

结果出乎意料：因为完全相信下属才会授权给他们，所以在他们身上也开始发生显而易见的变化。而我也能更好地把精力集中于新店开发、财务战略等"经营者必须做的"核心业务上。这样的分工体系也促进了良好的业务循环，让唐吉诃德的业绩成倍地急速成长，一下就变身为巨头企业。换句话说，如此彻底的授权，才是促使唐吉诃德成功的最主要原因，也是其赖以生存的根本所在。

但当唐吉诃德成长为大型企业之后，一些因为授权而引发的新问题开始浮现，造成经营环节中的核心业务量大幅增加并且过于复杂化，导致企业对我这个参与创业的经营者反而更加依赖了。这样的矛盾也让我意识到"再这样下去可不行"。

于是我决定回到成立唐吉诃德的最初立场：将自己的权限封起来，把"经营这件事直接授权"给下属。

对此我给出的唯一答案，就是"主动退位"。

将你的满腔热忱全力释放！

现在，正捧着这本书的工薪阶层、学生当中，也许有人也正因为身边诸事不顺而闷闷不乐吧。或者说，只有有这类遭遇的人才会对我产生兴趣吧。

其实，在你心底的那份闷闷不乐，一定也能转化成更大、更积极的能量。因为心中"内压"越高的人，所拥有的潜力空间也会越巨大。

我自己天生就比常人更善妒、更贪得无厌，饥饿程度也更高。而且，时常会给自己贴上"失败者""少数派"的标签。从来不会把自己归为"多数派"。因此，也总是会遇到比别人更多的烦恼与痛苦。可想而知，我内心所描绘的理想自我，与现实当中的自己有着天壤之别。

于是，将这份踌躇壮志转化为能量，努力填补理想与现实的差距，埋头苦干，只管向前迈进，我就这么一路走过来了。

搜肠刮肚也要尽力去思考。这是一种垂死挣扎之力，也是无论如何都要残喘至最后一刻的执念。

将你的满腔热忱全部释放出来。这么做，前进的道路自然会为你打开。并且，不要惧怕风险。在如今的日本，就算失败也不至于沦落到饿死或是被送到强制收容所的地步。

原本我并不想公开自己的前半生和唐吉诃德的创业史。毕竟都是一些乱七八糟的事，也没有一件值得向人炫耀。但这次愿意展现自己的人生经历，完全是为了那些为数不少、与曾经的我同样闷闷不乐的人们，希望能将我的勇气、热情与大家分享。

唐吉诃德因为颠覆了零售业的所有业界常识，并持续"打破常规"，才能实现连续26年盈利与收入增长的伟业。通过分享不为人知的企业内幕，希望能对想要创业或抱有事业野心的读者们有所帮助。

　接下来，就让我回顾一下我的前半生以及唐吉诃德波澜动荡的企业发展史吧。

目 录
CONTENTS

第1章
一定要创业给你看

孤独的淘气大王 ································· 003

曾经的梦想是做个"探险队队长" ················· 005

考入了庆应大学却是无尽的嫉妒与自卑 ··········· 006

问题的根源是羡慕嫉妒恨 ························· 007

贫民街的体力劳动,全共斗的排斥 ················· 008

入职十个月后公司破产了 ························· 010

靠麻将勉强维持生计 ····························· 012

终极版之负能量摆脱法 ··························· 015

"小偷集市"的起航 ······························· 017

独家的处理品采购渠道缓和困境 ··················· 020

出于无奈的"密集陈列"和"POP洪水"(在店内四处贴满

手绘的POP广告,以唤起顾客的购买欲) ········· 023

发现"夜间的市场需求" ··························· 025

恰好被忽略掉的"夜间经济学" ····················· 027

在线广播所引起的突然走红 …………………………… 029
"节日祭"拯救日本 ……………………………………… 030
"违规商店"的成功 ……………………………………… 032
商人所需的最终能力是什么 …………………………… 033
新几内亚带来的冲击 …………………………………… 035
招聘需求无法满足与批发时的专业性 ………………… 037
革命性的批发商年收入50亿 …………………………… 039
另一个"再次涉入零售业"的理由 …………………… 042

第2章
唐吉诃德的诞生

唐吉诃德一号店的首次失败体验 ……………………… 047
地段不可妥协 …………………………………………… 048
一招全垒打反击保住垂涎已久的商铺 ………………… 049
来自员工的"毫无恶意的口是心非" ………………… 051
"一万日元烧毁事件" …………………………………… 053
授权后的幡然醒悟 ……………………………………… 055
问题都在自己身上 ……………………………………… 059
"因信任而托付"的经营 ……………………………… 060
进攻要主动,防守是基础 ……………………………… 062
泡沫经济时代不顺应潮流的远见招来了好运 ………… 063
"六成爆款·四成尾货" ………………………………… 065

解决地段问题的"解决方案型"店铺的开发模式 …… 067
股票上市与"不让自己失控"的五大禁忌 …… 069
成为街道振兴引爆剂的新宿店 …… 074
创造奇迹的十个关键词 …… 075
命中注定的祸不单行 …… 082

第3章
祸兮福所倚，福兮祸所伏

突如其来的居民反对运动 …… 087
创业以来的首次经营危机 …… 089
正面对待环境问题 …… 091
塞翁失马，焉知非福 …… 093
IT泡沫破裂之后的反击 …… 095
名副其实的全国出道 …… 096
与厚劳省抗争医疗用品销售事宜 …… 097
灵活应对的东京都知事，死脑筋的厚劳大臣 …… 100
"该出手时就出手""绝对要赢" …… 102
时隔26年的"拒绝责令停止通知函" …… 104
发生连续纵火事件 …… 106
歪曲事实的报道 …… 108
并不是密集陈列的罪过 …… 110
第一次流下的眼泪 …… 111

III

来自遇难者家属们的支持 ·················· 112
成为世界第一安全、安心又开心的业务形态 ·················· 114
事件之后营业收入未曾下跌 ·················· 115

第4章
为了成为有先见之明的企业而发起挑战

人事改革 ·················· 121
两个营业本部统一化 ·················· 122
就任会长与高度成长的十字路口 ·················· 124
想要做"外卖即食" ·················· 125
股票公开收购遭遇"滑铁卢" ·················· 127
没能收购未尝不是一件好事 ·················· 129
先后收购Doit、长崎屋 ·················· 131
无法让人开心的企业也无法实现赢利 ·················· 133
不要"教育",而要"信而用之" ·················· 134
杂草集团创造的奇迹 ·················· 137
职业经营者多变的推敲才是王道 ·················· 138
因为《基业长青》而做出了"让孩子独立"的决心 ·················· 139
《源流》 ·················· 142
彻底地"尊重"一线员工 ·················· 144
"败者复活"的文化 ·················· 145
综合超市重获新生 ·················· 146

GMS 再造模式之"MEGA 新川店" ················· 148
落后于时代的连锁店理论 ······················· 149
大型企业开始模仿唐吉诃德的时代 ················· 151
接下来要靠"技高一筹地打破常规"来一决胜负 ·········· 153
不可以松懈了士气 ··························· 154
向美国发起挑战 ···························· 155
在海外以"长崎屋为主导"来一决胜负 ··············· 157
还不是在中国开展事业的时候 ···················· 159
"唐吉诃德物语"的完结篇 ······················ 162

第 5 章
将不可能变为可能的安田式
"打破常规联想法"

"搜肠刮肚"究竟是何物 ························ 167
成功的最大收获是从羡慕中获得解脱 ················ 169
门外汉也有属于自己的强项 ····················· 171
不战而胜才是终极武器 ························ 172
模仿只是徒劳 ····························· 173
如何才能摆脱"瓶颈" ························ 175
要把"对方"放在主语的位置,而非"自己" ············ 178
卖家的企图总是会被识破 ······················ 180
做生意要为人正直才会挣得更多 ··················· 181

V

模糊买卖双方的界限 …………………………… 182

多考虑"AND"而不是"OR" ………………… 185

平庸即死亡 ……………………………………… 187

企业也需要细胞凋亡 …………………………… 188

运气中的杠杆原理 ……………………………… 190

不幸时的最小化和幸运时的最大化 …………… 193

暗无天日时就要做出"局势"判断 …………… 194

放弃一千两,再战一万两 ……………………… 195

再没有比工作更让人开心的游戏了 …………… 197

"人"是无法看透的 …………………………… 199

成为善用距离感的高手 ………………………… 201

末 章
感谢波澜动荡的唐吉诃德人生

真正的 CEO 是《源流》………………………… 207

另一个悄声抱怨"还不够"的我 ……………… 209

唐吉诃德不太适合世袭制 ……………………… 211

唐吉诃德,我的孩子 …………………………… 213

墓志铭是"感谢" ……………………………… 214

第 1 章

一定要创业给你看

孤独的淘气大王

我是在 1949 年（昭和 24 年）5 月出生于岐阜县大垣市的。当时正处于战后日本第一次婴儿潮的稍晚时期。

我的父亲是在工业高中任职技术科的专科老师。他完全是一副严格又古板的教育者形象，丝毫不沾烟酒之物。而对于我这个长子，他总是加倍严苛地教育，连看个电视也会要求我"只允许看 NHK 频道"。现在想来，也许是因为经历过战争，父亲才会那样拼命地守护家庭吧。

可惜与父亲的执着和期待相反，我抱有抵触情绪，认为"我爸那样的人生太没意思了"。那时的我真是既鲁莽淘气又乖僻。大人要是说"你应该这么做"，我就会认为"凭什么非要这么做"，偏要跟别人对着干，完全是一个连自己都不待见自己的臭小子。

这样的性格，一直到长大后也没什么变化。

"这种货肯定是卖不出去的""那样的店迟早会关门的"……别人越这么说我，我就越倔，不愿认输。

要是一听到别人的意见就轻易改变自己的主张，那我大概一开始就不会选择创业了。但我真是一点都不想给别人打工，就想靠自己的活法来赌一把。

这么做，自然是要与人为敌的，还会被认为是"我行我素的家伙"。越是孤立，周围的声音就越尖锐。类似的事情从未间断过。

跟同龄的学生相比，身高力大的我，手腕儿力道也特别强悍，尤其是因为我永远不服输的性子，从小学到中学一直是数一数二的淘气大王。在童年时代，打架就如家常便饭般平常，把双亲气到哭的日子更是多得数不过来。

学习就更别提了。连在学校好好听课这件事我都做不到。也许就是现在所谓的"多动症儿童"吧。

45分钟的课堂上，要规规矩矩地坐在桌子旁边，对我来说简直就是苦不堪言。所以我总是因为坐立不安、东张西望被老师训斥，课堂表现评语里每次都会写着"静不下来"，这让双亲担心不已。

作为淘气大王，我也没有交到任何朋友，就是靠着手腕力气吸引到了一些随从部下而已。我对当时流行的电视节目、漫画之类都没什么兴趣，与同学之间也就没什么可以交流的共同话题。总之，我就是很讨厌三五成群。

总认为自己跟其他人不太一样……这样的疏离感和孤独感常常伴随着我。

而另一方面，从少年时期到现在，我一直都很喜欢格斗技，从小就特别爱看《职业摔跤＆拳击》这本杂志。那时我对拳击还不怎么感兴趣，但超级热爱职业摔跤。

到了中学一年级时才意外得知，职业摔跤并不算是严肃的竞技比赛，只是一种公开的表演。我因此大受打击，这才完全放弃了职业摔跤，又转为关注拳击这类真正的竞技比赛，并深陷其中而不能自拔。

曾经的梦想是做个"探险队队长"

少年时代，除了格斗技，我最喜欢的就是冒险、探险类的文学作品了。比如儒勒·凡尔纳（Jules Gabriel Verne；19世纪法国著名的科幻小说和冒险小说作家）的《十五少年漂流记》《海底两万里》，还有第一位穿越非洲大陆的欧洲人利文斯通（David Livingstone）的探险日记等等，我都读得如痴如醉。

此外，小的时候我只要一有空，就爱看看世界地图。想象着这些国家会是一幅怎样的风景，大概会住着什么样的居民，对异国异境产生了强烈的兴趣，甚至还在念小学时就将世界上大部分国家的名字默记了下来。

我那时候的梦想是成为一名环游世界的"探险队队长"。

我在开始经营"小偷集市"之前长达五年的时间里，完全过着第一代自由职业者的生活，靠着打麻将糊口度日。虽然没什么钱，但有着大把的时间。具体在后面还会有详细介绍。

每次通过打工、打麻将攒到一笔钱之后，我就会去世界各地旅游一趟。我去的地方往往都是边境地区，而非一些有名的观光地区。像非洲、亚马孙丛林、新几内亚或者埃及和约旦两国交界地区等等，我总爱去那些原始、淳朴又格外危险的地方。

当然，没有人会愿意跟我一起去那种地方旅行的。所以，我一直是队长兼队员的"一人探险队"。

考入了庆应大学却是无尽的嫉妒与自卑

从高中二年级第三学期开始，我才全心投入到从未认真对待过的学业上。这并不是因为真的产生了好学的心态，而是我太想尽快摆脱家里以及大垣这个鸟不生蛋的地方。

高二的第三学期本来就是要对升学或就业做出抉择的重要时期。以生活稳定为重的父亲劝我"要不要考虑参加公务员考试"之类。这不是开玩笑嘛。一直梦想着要去世界各地惊天大冒险的我，是根本不会考虑"成为地方公务员"的。这完全就是两个不同世界里的人。我就想去"跟这里不同的地方"。可以的话，最好就去新鲜刺激的东京。

于是计上心来。因为父亲当时在高中当教师。如果我能进入大家公认的、很难考上的大学，他一定会同意送我去东京之类的外地的。结果不出所料，父亲答应了我的东京之行，条件就是"顺利考入最难考的大学"。

尽管我依然很讨厌学习且一度相当痛苦，但一旦下定了决心，我的专注力就变得高度集中。成绩也开始逐渐上升。

一直努力到第二年的春天之际，我终于如愿考上了庆应义塾大学法学系。当时年满十八岁的我，就那样意气风发地从岐阜乡下前往东京，跨进了庆应大学的校门。当时一切都很完美。

可是，入学不过几日，强烈的嫉妒心与自卑感就让我的心中产生了悔意与空虚。

看着周围的同龄人，一个个都打理得干干净净，样子斯文又帅气。尤其是那些从附属高中直升大学的人，都有自己的女朋友，二人一同享受着人生。还有不少人是乘着自己的专车上学的。他们是有钱人家的公子哥：教养良好，行为举止优雅又得体。而且事实上，这些人的双亲大多都在著名企业里担任社长或一些重要的职位。

问题的根源是羡慕嫉妒恨

跟他们比起来，我就是一个来自农村、既没人脉关系又没可取之处的贫困生，还总是穿着破旧的牛仔裤、运动衫和一双凉鞋，审美水平自然为零。我都不敢盯着女孩子的眼睛看，更不用提和女孩子们聊天之类的了。

就在后来公开发行唐吉诃德的股票时，因为我在社长简介中写了一句"毕业于庆应义塾大学法学系"，职员们还曾诧异道："社长啊，这个时候就没必要再虚张声势了嘛。"他们一定是看我这副模样怎么都不像是庆应贵族出身的吧，这倒也能理解。

我这个人虽然长得糙，但内心尤其敏感，每次看到身边那些热闹的庆应公子哥，都会觉得"唉，他们真是好呀"，真心羡慕不已，又恨得牙痒痒，还会想象着"如果我一进社会就给别人打工，大概永远没机会赢过这些人了"。

当然，不愿服输的我是绝对不会向现实低头的。

我在心里暗自发誓："无论如何我都不要成为给他们打工的那一类人。只能去亲自创业。成为一个伟大的企业家让他们好好看看。"

这个决心虽然毫无深度又过于自我，却成为我日后整个商业生涯的原动力。

常常有人会问我："什么？这就是您当初创业的理由吗？"但事实确实如此，所以我会回答："是的。"

贫民街的体力劳动，全共斗的排斥

因为完全无法适应庆应大学的校园生活，结果不到两周时间我就不再进教室上课了。不用说学习成绩肯定倒数第一,还在一年级的时候就被迫留级了。等到事情败露被家中知晓后,怒不可遏的父亲立刻中断了我的一切生活费。

事已至此,我也不愿向双亲低头认错,反而倔强地想要靠自己过活。

可是,当时还没有让我可以随意挑选兼职的地方。我一度打扮成劳动者的模样,在横滨寿町的贫民街里暂住过一段时间,还跑到横滨港口做过码头装卸工人(港湾务工者)以糊口度日。那时的工资只不过每日两三千日元。

在那段时间做过的体力劳动固然辛苦,但对于年轻体壮的我来说,原始而高强度的工作也着实有益,事实上是一种难得的人生经历。本来年轻就该多去做这种劳力工作,这样才会深刻意识到自己的大好年华不该一直耗费在这种环境当中。

虽然我也属于全共斗(1968—1969年发生在日本的学生运动。是除革马派以外的八派——核心派、社学同、学生解放战线、反帝全学联、社会主义学生战线、第四共产国际日本委员会、无产阶级学生同盟、共学同——与各大学的全共斗组成的全国学生统一团体。形成于1969年1月的东京大学学潮期间)那个时代的人,却从未参与过学生运动。明明是靠着父母吃饭的学生,却亢奋地叫嚣着"劳动者权益",对此我无话可说。毕竟我才是那个货真价实地从事体力劳动的劳动者吧。

在那之后，我要么往返于私营的拳击练习场，梦想着成为一名拳击手，要么把时间耗费在麻将桌前终日无所事事。

麻将是我在大学一年级时学会的，那时被别人占了不少便宜，毕竟跟那些从高中起就开始玩麻将的人完全不能比。眼睁睁地看着自己仅有的一点钱也被人赢了去，我悔恨不已、拼命钻研，到三年级时就基本不会再输给其他人了。于是，也没人再愿意跟我打麻将，只得跟同级别的高手为伍。在那之后我更是不间断地磨炼。在那段日子里锻炼出的能力，让我受益匪浅，一直受用至今，所以还真是说不清到底什么才算是人生的幸福捷径。

入职十个月后公司破产了

尽管我几乎就没怎么走进过大学课堂，大一时还留了级，但运气还算不错，在五年后顺利毕了业。那时正值东京大学暂停入学考试（1969年），学生运动最为盛行的年代。由于学生运动中活跃分子们的联合抵制，最关乎学业成绩的前期考试和终期考试大多都只须提交报告就能轻易获得学分。

勉强说来，我也是庆应大学毕业的，进入大型名企工作，应该不成问题。然而我故意选择了入职门槛极低的小型房地产公司。当时主要考虑到，小公司更容易获得提拔，等我积累了一定的房产经验后就有机会独立出来。那是一家跟大型制药企业重名（实际上并无任何关联）的奇葩公司。

而我在那家公司被分配到的工作竟然是，在街边随机推销一些特别的别墅，这种业务做起来非常令人心酸。不过入职后我拼命地推销，不过数月，我就将业绩做到了领先于他人的水平。因为每谈成一笔生意就会拿到相应的提成，所以获得过惊人的高收入。

就跟刚考进大学时一样，在入职后的最初时期一切都非常顺利。

我不由得感慨道："跟那些进入名企工作的家伙比，我这不就率先崭露头角，收入也高多了嘛。"

没想到好景不长。我开始厌烦自己的工作。我曾经在街边推销的某个约 4 万日元/坪的别墅，那是一个已经被认真规划过、绝非偷工减料的住宅用地。在入职半年左右当我再次查看当地地价时，才发现它竟然已经降到 500 日元/坪。

开什么玩笑，简直让人愤慨。本来我就充满着正义感，发现了其中的猫腻后就立刻失去了对工作的激情。某一天有位顾客找上门来想买那块地，还是靠着节俭的生活才存到了仅有的 200 万日元。当时的领导却说："让他想办法找亲戚再凑 100 万日元你再卖给他。"我一听就克制不住了，于是悄悄告诉那个顾客："要不这次就先缓缓，再看看别处吧。"

也正是在那个时期,因为受到第一次石油危机(1973年)的影响,那家公司没多久就倒闭了。而我到那时才刚入职十个月左右。胸中的雄心壮志竟这么快就破灭了——我失业了。

曾经的校友们还在名企里默默地积累着个人业绩。我却成为垫底的那一个,没工作、没钱、没人脉,当然也没地位、没名气,除了仅剩的一腔热忱欲壑难平,便再无其他。

再就业的尝试也不如人意。毕竟在那段时间,还没有如今的"二度应届毕业者(通常指在第一份工作之后的1至3年内重新求职的人,这些人处于应届毕业生和年纪较大的想更换职业的求职者之间)"等词或概念,没有一家公司会愿意招聘从大学毕业仅十个月就失业的男人。

不过,为了妥协而随便挑一家公司再就业的话,最终也只是个赢不了的人生输家,这是我最讨厌的选择。

因此,我决定开启自己的猪太郎(《樱桃小丸子》里的角色名)时代。

靠麻将勉强维持生计

自从失业后,生活费快花到见底儿了。我不得不面临着每天为该上哪儿去挣点儿眼下的饭钱而焦虑。

当时的我还与老家以及学生时代仅有的朋友断绝了联系。

女朋友什么的更是没有，也没有其他可以依赖的对象。我也不愿再回到寿町的贫民街去。

到了这种地步，猛然间我又想出了一个主意。

好在我还有一项技能。是的，就是麻将。到大学毕业时，我的麻将技艺已经能与专业人物相匹敌了。

当时，还没怎么出现拼桌型的麻将馆（到馆的人凑齐四人即可开桌的模式），所以我都是前往普通的麻将馆，一旦遇到缺人的桌位就主动去补位。不知道有多少次在无路可走之际，我绞尽脑汁才淘汰掉对手，得以勉强维持住了生计。

然而在那之后，赢得越多就越易招人排挤，结果越来越难在麻将桌上找到补位的机会了。我甚至还制作了公司社长的名片来冒充青年实业家的身份，不断在好几家麻将馆之间来回寻找补缺的机会。为了守住那些好的顾客，我还会特意在头几局故意输掉。

即便如此，愿意与我一同打麻将的人还是越来越少。还都是一些鬼一样难以应付的家伙。最后围坐到一起的全都是麻将赌徒（以麻将为生的人）。事已至此，一切都该画上句号了。

那段时间我的生活方式几乎是，通宵打麻将清晨再回家，昏睡至黄昏后再爬起来前往麻将馆，每一天都在凭实力演绎着自甘堕落的状态。

却不曾想，那段时间的麻将经历，居然日后在很大程度上帮助了我在唐吉诃德的工作。

因为落魄潦倒的心情而漫无目的地徘徊于街头，让我对那些夜晚流浪在街头的年轻人更加感同身受。不论是对夜间市场的开拓，还是将那些在深夜徘徊于街头的独行者视为目标顾客的唐吉诃德式市场营销风格，都离不开当时的那段人生体验。

而且，因为好多次与专业麻将人士紧张到喘不过气来的决战，我逐渐掌握了看穿"运气变化""胜负关键"的能力。运气不佳时不如静观其变。正因为领悟到了这种态度，才能在好多次的境遇中免于更严重的损失。所以，我从不认为那段人生经历是白白的浪费。

当然，这都是"结果论"。处于猪太郎时代的那个我，还不曾拥有现在的眼界。那时候我只是无可救药地想着："我也想成为一个企业家啊，可是这种情况下怎么可能做得到嘛。"

然而，我从未放弃过创业的念想。我有一个模糊的理想，要在某一天成为老板，独立经营企业。这也算是唯结果论吧，在当时的处境下，虽然每天我都过得郁郁不得志，但在心里早已暗藏着强烈的意念。

而且在我还不够成熟的内心深处，甚至把一个人倔强地与世间背道而行、朝着自己的目标奋力往前冲的形象视为一种"男性美学"。

可是，如果放任这种一往无前、沾沾自喜的心态，我会肆无忌惮地横冲直闯，过着一种野狗般的生活，以至于让自己走到了不安、自我怀疑、黑暗孤独的极限边缘。此时，我的内心深处已经存在一种不服输又谨慎小心、无所顾忌又抑郁克制的矛盾能量了。前面也提到过，那时候的我已经找不到合适的麻将对手了。即使有，也都是些专业赌徒，所以无法再像曾经那样战无不胜了。我这才想到："毕业之后我都干了些什么啊。整天过着这种无业游民的生活到底又能得到什么呢？再这样下去恐怕是要完蛋了吧……"

尽管为时已晚，但我总算是领悟到了这些早就被大家看透的道理。

要是知道自己的儿子现在混成这副模样，估计我的双亲早就原地昏厥了吧。一向严谨的父亲说不定连自杀的心都有了。虽然我与父亲无数次作对，但也不愿让他悲伤到这种地步。

终极版之负能量摆脱法

这次就来介绍一下在那段从未遇到过的低落时期，我所领悟到的终极版"负能量摆脱法"吧。这个方法我曾在身陷绝境时反复使用过，效果绝对有保证。

首先，给自己放几天假。有四五天差不多就够了。虽说是"休假"，但并不是去海边度假区之类的为了调整心情的"自我探索式轻松旅行"。

与此正好相反，是要一个人完全宅在家里。

白天也要把窗户、窗帘关上，然后什么都不做，一直待着。

严禁外出。即使是为了散步和购物也不行。吃饭的话可以提前买好或者叫外卖。屏蔽掉电视、广播、外界信息来源以及一切娱乐消遣项目。最好把自己裹进被子里，在朦胧暗淡的氛围里好好思考自己的工作、人生、未来。

在你的脑海里，会有万千思绪不断浮现。回顾过去会嫉妒、憎恨他人，思考未来又会心生恐惧和不安……厌恶自己、欲望得不到满足、怨恨与恐惧……被这样的情绪所包围，让心情慢慢沉淀下来。

千万不要试图逃避。一定要让自己在被窝中想方设法不断积累压抑的情绪，保持无限的低落。

这样的状态持续三天后，就会突然迎来多云转晴般的明朗时刻。

像这样将情绪落到最低处，人们才会奋然而起。因为所凝聚的危机感一旦到达了临界点便会爆发，所产生的强大力量自然会把人拉回到高处去。

"我究竟是在干什么呢？这样下去可不行。还不是自寻烦恼的时候。我还有想要做，而且非做不可的事情……"

此时，你会由内而外地散发出不可抑制的力量与干劲。

怎么样？连我自己都被这种极端的作风搞得笑出声来。

在这里介绍的负能量摆脱法有一点至关重要，那就是先让自己直面这种难以适应的状态，并让内心坦然去接受，这样才能将自己从负能量状态拉回到正面积极的状态。

要实现这种理论方法，最有效的方式就是屏蔽掉所有来自外界的干扰。

当然，要在当下的网络社会中屏蔽掉所有信息确实不太容易。而在那个时候别说手机或智能手机了，就连没收个电脑，不出两天就放弃的人也大有人在。

正是因为处于那个时代，"断网"才会成为非常有效又便捷的途径。就算做不到我年轻时的那种极端避世，至少也能尝试一下轻松一点的"短期避世"吧。

如果是毫无情绪波动的休假或者以调整心情为目的的休闲活动，那就没太大意义了。这些都不过是单纯的逃避。一旦回到现实，只会让人更加空虚低落。现实情况并不会如你所愿地有所好转。所以还不如接受现状。只有这样才有可能遇见转机。

于是，我便狠下决心要存钱实现独立。

"小偷集市"的起航

为了给自甘堕落的日子画上句号，我下定决心要靠实业经营来一博胜负……在改变心境之后，拼命挣到了800万日元的军费。

尽管拿着这笔钱兴致勃勃地打算做生意，我却总也想不出到底要做什么样的生意。

仔细一想，我没有任何专业技能和资格认证，既笨拙又不够亲切。像餐饮店这类小手笔的买卖开店倒也容易，但我就只会煮方便面，这肯定不行。而且也没有什么审美，做不了服饰业；缺乏专业知识和技术，自然也没法从事制造业。最后就剩下零售业卖商品了。

那要卖点什么好呢？

正当我一筹莫展时，某一天我随便走进了几家廉价折扣店，突然想到"就是这个啦"。

当时，这种廉价折扣店才刚刚开始在各地零星出现，还是以卖"别人当掉的物品"为主。但不知为何，不论到哪家店，店里的老板会清一色地用一种尖锐的目光瞥一眼进来的顾客，也不打招呼，相当冷漠。

不过，这反而让我有了信心。

"如果这种态度都有钱可赚，那我肯定也行。"

于是，从那时起我便决定做杂货折扣店的买卖。因为杂货是任何人身边所需的商品，也不需要什么专业知识，只要价格便宜肯定就有得卖。这也只是想法简单的外行看法。

零售行业的常识我一点儿都没有，更别提选地、商业圈这些概念了，完全是一拍脑门想一出是一出地租下了东京都杉并区西荻洼住宅区的某个 18 坪的临街商铺。

可是，这家店铺远离车站、无法停车、没有面朝着主干道公路，现在想来简直就是实体店销售业中最不可选的商铺样本了吧。而且那时的月租金更是高达 22 万日元。

就这样，决定好店面后，紧接着就是进货了。跟大多数折扣店家一样，我也打算将当铺里的抵押物品作为吸人眼球的主要商品。然而在得知经营使用过的物品需要有旧物经营许可证后，我马上放弃了这个念头。果然还真是想一出是一出。

作为备选方案，我又将目光投向了破产企业的财产清算物品上，即低价抛售的甩货商品。因为认识的人里正好有朋友在做批发，我趁此机会走访了好几家只收现金的批发商。但每家批发商在见过面后，一看我就是个完全不懂行的楞头青，所以总不愿好好沟通。我几乎都是吃了闭门羹。

即便这样，我依然不管不顾地继续走访，终于有一家批发商愿意卖给我试一试。那也是因为我直接打开钱袋给他看"我有这么多现金"，他才同意跟我做买卖的。

我没想到用这些财产清算物品来做买卖这么难。因为是从批发商那里进货，我觉得便宜就摆放在店铺前面，结果并不便宜，根本挣不到什么钱。外行的我，之后也曾在那家批发商处吃了不少亏。

如此几番波折之后，我那值得纪念的创业号"小偷集市"总算起航了。正好是在1978年，我29岁的那一年。

独家的处理品采购渠道缓和困境

可以说今天的唐吉诃德正是吸收了"小偷集市"所有成败经验的产物。可想而知"小偷集市"对我而言，是多么壮烈的原生体验。

人们常常会问我：为什么会想出这种故意为自己抹黑的离奇店名——"小偷集市"呢？

答案其实很简单，"反正就是要尽量显眼啊"。当时正是大荣、伊藤洋华堂这些大型连锁店的事业全盛时期，日本全国各地到处都有数不尽的个体杂货店。要想让仅有18坪的小店获得关注，就只能选择一个吸引路人眼球的、有刺激性的店名。

还有一个不得已的理由，是因为店名招牌的大小有限，刚好只能写下四个字。

但不管怎么说，这个极具个性的店名还是奏效了，就在"小偷集市"开业当日，成批的顾客蜂拥而至。不过也只是最初的三四天卖得特别好，之后就突然间不再景气，门可罗雀。

果不其然，一开始想得太简单，"只要从批发商那儿进到货就一定能卖钱",以为外行人依葫芦画瓢,就能轻易复制挣钱之道,然而现实才没那么简单。细看之下,店里面写着"超级便宜"的商品其实并不便宜,商品种类也过于单一。毕竟没有充足的资金大批量订货,所以批发商自然不愿打折出售。

前面也提到过,我曾经被批发商欺骗了好几次。一开始说"再给10万日元的话,明天一早就能到货了",我就把钱给付了,结果批发商竟然跑路了……记忆里不知道有多少次因为这种事情而捶胸顿足地后悔过。

有时候一天的收入还不到2000日元。这样下去连房租都付不起了。原本仅有的800万日元全部家当眨眼之间就见了底,钱没了就没法进货,进不了货就卖不了钱,就这样陷入了恶性循环。

"这么下去的结果只能是要么关门,要么趁夜逃跑……"

冷不防地被逼到紧要关头的我,就在这样的"绝境"中绞尽脑汁地思来想去、搜肠刮肚之后,想出了一计良策。

本来嘛,一没资金二没信用的我,若是通过正经的采购方式自然没有什么胜算可言。虽然现在才反应过来但也不妨碍我改变战略,我决定每天跑到大型制造企业或批发商的仓库后门蹲点守着。那些大企业表面上是绝不会跟当时的我这种人物打交道的。不过若是通过后门渠道,跟他们谈谈低价收购停产商品、破损不良品、样品或退货品之类的话,说不定他们会愿意卖给我。

一开始库房的那些大叔都用一种奇怪的眼神看着我,也并不怎么搭理我,当我执着地再三上门后,渐渐地会因"倒是有这样的产品,觉得合适的话可以拿走"之类,借着各种缘由给我次品。

这些商品的成本几乎为零。在财务台账上已经被处理完,若作为垃圾处理还应缴纳废品处理费才对,所以有人愿意花点小钱买走的话,应该要感谢对方才是。更别说不需要收据发票的现金交易了。

正因为符合了"供需一致"的前提条件,所以店内眼睛所及之处都是用很低的价格采买到的成堆的廉价品。正如"小偷集市"字面上的含义,上门的顾客第一眼看到时都惊讶得叫出声来"这可不得了啊"。如此,我的"小偷集市"才好不容易缓过气来。

直到现在,我还会和那些记得当年"小偷集市"的顾客偶尔见个面聊一聊。那时候"小偷集市"会摆上一些只需10日元或20日元的圆珠笔、一次性打火机,所以在居住于JR中央线沿线的学生眼里是一家挺有名的"奇葩折扣店"。

也因为价格过于便宜,有些顾客会专程找上门来一本正经地问话:

"卖的其实都是偷来的东西,所以才叫'小偷集市'的吧?"

出于无奈的"密集陈列"和"POP 洪水"(在店内四处贴满手绘的 POP 广告,以唤起顾客的购买欲)

"小偷集市"的商品以低价抛售的甩货、停产商品为主,这样的产品会存在货源有限的问题。即使卖得特别好也没有办法继续补货。所以只能不停地去寻找畅销的同类商品,不停地采购。这是一种没有固定理论可循、完全凭直觉去拿捏的生意。

因此,牢牢把握住顾客的需求非常重要。可以说我是充分动用了自己的所有感官,拼命接收各方信息。这正是现在提倡的市场营销战略之一,即"挖掘潜在需求",当时还没有这样的

"小偷集市"的店外,堆满了纸箱

专业用语。

再加上时常会遭遇资金流即将断掉的窘境,反而磨炼出了对做买卖的直觉与敏锐度。这也成为后面唐吉诃德的"现货采购"原始范本。

另外,采购到的商品都装在纸箱内,通过卡车一车一车地直接送到店里。不用说,那时候还根本没法弄到独立的仓库,也没法雇用员工。所以全靠我一个人在仅18坪的狭小店内到处塞货。甚至有一次进了足足占到30坪之多的商品,空间完全不够用,实在是头疼。

每个货架都被成批的商品塞得满满当当,连货架顶层也被纸箱一直堆到天花板处。过道被商品和纸箱占据着,店铺内简直就跟容易让人迷失的丛林一般。

可是,就这么把纸箱堆着的话完全不知道里面装的是什么。所以我在纸箱上开了一个小窗口,亲自制作了手绘的POP(商品广告说明),贴在相应的货架上。这些就是现在"唐吉诃德的著名特色"——"密集陈列"和"POP洪水"的开端了。

然后不可思议的是,开始密集陈列之后,客户的反响反而更好了,他们常常会像在期待淘到什么宝贝似的仔仔细细到处挑选,而且那时候商品定价也很随意,事实上也确实有相当多的好东西。

在零售业的教科书上通常都会把"易看、易取、易买"视为零售店铺的一项通用法则。而我因迫于无奈打破了常规，另辟了蹊径。

发现"夜间的市场需求"

不过话又说回来，世上哪儿会有那么多顺心的事呢？虽然凭借着独有的处理品采购渠道在刚开始时狠狠地卖了一笔，但没过多久又开始卖不动了。这也是我后来才明白的一个商业术语，即遭遇了所谓"畅销之后销量骤减"的现象。

作为顾客自然只买自己需要的东西。所以越是受欢迎的商品越是很快就卖光，剩下的就是不怎么好卖的商品了。如此反复几轮下来，店铺就会转换为滞销的状况了。

而且，每次进货时也都只能进到待清仓的现货商品，所以正如前面提到过的，畅销的商品没办法进行再次补货。如此一来店内很快就充斥着不太好卖的商品，跟垃圾站没什么两样了。好不容易缓口气的"小偷集市"，没过多久再次陷入绝境。

这种情况下，某天夜里关店后，我照常开始在店铺前面干活。当时因为没有条形码之类的便捷工具，每次到货的商品，我都在上面一个个地亲手贴上写好价格的标签。毕竟没有员工，店里面又塞得满满的完全没有空间，所以只得一个人在店外借着招牌灯默默做着手工活。

这样的画面，肯定无论是谁看着都可疑。因为那时候大家的夜生活还不像现在这么晚。何况还是在幽静的住宅区里亮着的"小偷集市"招牌灯下面，有一个年轻男人在那边沙沙作响地不知道在干些什么。

可是，正在这么做着的时候，路过的行人常常主动问道："你这是在做什么呀？""这个点儿店还开着吗？"不知是出于好奇心还是戒备心，即使再晚也会出乎意料地有人来。当然对我来说，哪怕只赚1日元的生意也是要做的，于是立刻不自然地微笑道："还开着呢。"并招呼着客人进店。

像这样很晚了还到店里来的顾客，不知是不是喝了酒的缘故，明明看起来像是在垃圾堆里的商品，却很享受地买了不少回去。

比如，写着"可能已经写不出字的圆珠笔，每支十日元"之类愚弄人的POP也起了一定作用。从这当中我仿佛看到了还未开拓出的巨大的潜在市场需求。

"深夜的顾客与白天那些主妇之类、认真仔细购物的顾客完全不同。"

当我开始意识到这一点之后，便着手开始了夜间营业。

那段时间，7-ELEVEn的营业时间还正如字面的意思，只营业到晚上11点，而"小偷集市"会营业到晚上12点。这在当时的商品销售实体店里应该算是日本最晚的关门时间了。

发现了夜间的市场需求，在很大程度上提升了日后唐吉诃德的生存能力。当然，这也是迫于无奈被打破的另一个常规。

恰好被忽略掉的"夜间经济学"

话说回来，当决定要将第二轮的消费税税率上调延后至2017年的第四季度时，我的这段发言引起过一番讨论——"延期是值得支持的，但其实更应该提倡减税5%才对"。对于会影响到日本经济的、占到GDP约六成的个人消费税，依我看简直是愚蠢至极。

如果决定了要增加税收，就不得不考虑如何实现活性消费的理论基础。其实这是一个非常难的题目。在消费日趋成熟的日本国内，随着人口少子化和老龄化的加剧，常规的消费刺激政策往往已经走到了无计可施的地步。

究竟应该如何去落实呢，只能是去挖掘还未涉及的领域，用尽各种方法去尝试开发、扶持这样的市场。比如访日观光市场（来自海外的访日游客进行免税品等的购物）的成形就是为数不多的成功案例之一。

总之，对这个国家的执政者而言，也许所谓的"消费"，就是指普通家庭自早起到晚睡之间的这段时间，即早8点至晚10点吧……

在这里恰好被忽略掉的正是"夜间经济学"。便利店和唐吉诃德都发现和开拓出了晚10点之后的夜间市场，并在这二十几年来保住了长盛不衰的地位。

而且，夜间市场正是日本零售行业所留下来的最后的大金矿。日本零售业总销售额约141兆日元（2014年实绩），其中大部分都是来自日间市场。可是在我看来，至少还有两成——约30兆日元的规模是可以从夜间市场获得的。

现如今，不论是企业经营者还是评论家们，都只围绕着"日间经济"发表看法，有时甚至还会提出"白天为善，夜晚为恶"的成见。可事实上，已经有不少人会在夜里进行餐饮，或者休闲娱乐的消费活动了。所以不应该忽视。

与此相反，这些年一味地给消费心理泼冷水，采取各种各样的管制措施等等，实在是让人不得要领。

比方说，唐吉诃德的旗舰店就临近新宿的歌舞伎町。作为日本极具代表性的不夜城，早已没有了往日的繁华气势。因为《风俗营业法》对于歌舞伎町的管制被加强后，曾经独有的喧嚣与魅力都受到了影响，整体日渐萎靡。如果要用消费心理来表现，不过是单纯增加了机械式的照明效果，以往的光辉早已消失。

我反而更喜欢以前那个积极意义上的下流、杂乱的歌舞伎町，非常自然地去迎合大众的现实需求，那才是我心中最名副其实的欢愉之街。不明白为何一定要选择将其特色弱化。

如今也在发生着同样的问题，即那些"消费心理音痴"所发起的毫无成果可言的整顿活动，我觉得这些都只会加剧社会整体的压抑与憋屈情绪。

反过来，只有从这样的压抑感中解放出来，才是零售业最大的商机。不是吗？

在线广播所引起的突然走红

在一个很偶然的机缘下，当时光顾"小偷集市"的顾客中有一位是在某广播局任职的制作人。据说他是觉得这家店实在太有意思了，希望能在自己的节目中进行介绍。对我来说，只要是利于店铺宣传的事情，自然都来者不拒，也求之不得。

该节目是以广播员现场直播的形式，对"有一家这样的店"展开介绍。可是让我犯愁的是，节目的直播时间段是平时的大白天，正好也是"小偷集市"最闲的时间段。其他时间里，店里会被客人挤得满满的。

大白天的要怎样才能让店铺看起来很热闹呢……我考虑了好几种作战方式。

在实况直播的当天中午，我把进货时常用的破烂推车拿出来，再带上"小偷集市"正在促销的家庭型卡拉OK设备，拿起话筒就跟进行选举、游行路演一样，在附近一个劲儿地到处转悠道："今天下午开始，'小偷集市'会有超级优惠活动噢！"且没忘了选一些好理解的商品名，这个大概多少钱，那个大约多少钱，"剧透"了优惠折扣内容。

不愧是个锦囊妙计。到了直播时顾客们多到快要挤不进店里了。反正店里面的商品几乎都是以极低的价格采购到的。也是想要尽快清空存货，比如"干电池五十日元一把，随便抓"等这样的噱头大受好评。

这样的情形一经广播出去没过多久，一连好几天上门而来的顾客多得简直都应付不过来，"垃圾山"就这么转瞬即逝不见了踪影。

之后，每每采购的商品也都能顺利地卖个精光。以前每天只有两三千日元的营业收入，现在一下子涨到了足足二百五十倍的五十万日元程度。而且得益于独有的采购渠道，毛利率竟也达到了五成以上。连现在的唐吉诃德的毛利率也只有 26% 以上，可想而知"小偷集市"那时赚到了相当少见的高毛利。

一直苦于资金问题的我不可置信地收获了惊人的收入。

"节日祭"拯救日本

广播节目确实带来了空前盛况，但其实"小偷集市"在平日里也有着"节日的气氛"。

与夜间经济密不可分的因素就是"祭典"。古今中外在没有电力的时代，祭典就是在夜间开展的固定节目。我们都听过夜间祭典，但白天祭典这种词就没听说过。夜晚会加强非日常的感觉，自由感、压力释放的程度也会提高。所以更容易刺激消费。唐吉诃德的员工正是通过切身经历，体会到了这个真理。

所以应该让自治团体们不断举办节日庆典活动。不但要保留祭典时的临时售货摊位，还要让这种带有杂乱感的夜间祭典无比热闹起来，如此不仅能为周围的商铺和餐饮店带来收入，也能唤起那些青年男女的交往需求，进而促进相关消费，最终还有可能解决掉少子化和高龄化的社会问题。这不正是一石二鸟，甚至三鸟之计嘛。

总的来说，现在的年轻人其实也正渴望着节日庆典。举个例子，原本属于西方的万圣节却在最近几年开始异样地风行于我国，这是何故呢？也多亏了它，我们公司才能享受到万圣节的馈赠，不过，我认为这些万圣节现象都是人们对于祭典抱有饥饿感的一种体现。

从这个方面来看，将唐吉诃德的初期成长战略（夜间祭典的庙会活动）作为微观经济理念放入到国家、地方自治团体当中，果断地放宽监管并多去尝试独特的个性化活动，这样方能实现有效的消费并扩大内需，你们说呢？

"违规商店"的成功

"小偷集市"因为"就像打翻了玩具箱一样的神奇商店""深夜也在营业"而在当地小有名气，开业几年之后，这家仅18坪的小店已经发展成为年收入高达2亿日元的超级旺铺了。

"小偷集市"是唐吉诃德当之无愧的原型，如果用零售行业的常识来看，绝对会是一家"违规商店"。

由知识、经验、人脉都为零的门外汉进行创业，在没有任何专业背景的情况下，猛地一下子跳进了财产清算品、低价抛售甩货商品等内行人的世界里，一本正经地卖起了停产的、样品之类的商品。当时也没有库房。就那样把商品一个个塞得紧紧的，连过道都跨不过去。而且在夜间还营业。

这些毫无疑问都是脱离了当时零售业常识的方式。简直就像"千万做不得的店铺经营之道"的范本一般。

然而，正是这样一家由外行人白手起家的、毫无常识的商店却不知为何成长为超级旺铺。这究竟意味着什么呢？

这就说明，原有的零售、销售、营销的成功法则并不一定完全正确。至少说明，这些理论已经不能满足新生市场及客户的需要了。

直到现在我也一直坚信，对于零售行业而言，最好的老师永远是客户，而销售现场才是最好的学习课堂。也因为把这一点视为唯一的理论基础，我才能坚定不移地按照我自己的外行商业法则，努力实现自己的成长与发展。

究其根源，是一种叫作"勿信常识"的体验性哲学（这也如我天生的性情）。

在我独立创业之前，所经历过的日间体力劳动者以及专业麻将赌徒的世界，确实都是有些不太一样的反常世界。然而也因为这样，才更接近最初的世界。没有约束、没有规则，也没有定论，一个个赤裸裸的、人们会毫无保留地倾注所有欲望与念想的世界，我不知道亲眼看到过多少次。

在那样的世界里，世间的一切理论尝试、既定规则都是徒劳，甚至大多数时候都是有百害而无一利的。我更追求的是能在瞬间抓住对方心理需求的敏锐感性。而这才是我在"小偷集市"的经验中所学到的、对于零售业最大的武器。

商人所需的最终能力是什么

这几年来，营销的一线领域经常会提及"行为经济学"这个词。它是以"人类不一定都会采取合理的行为"为前提，通过对人类行为进行观察和心理分析，来解释社会现象及经济的一门学问。

虽然我行我素，但在当时我早已做过类似的事情（行为经济学的实践），我把它称为"零售心理学的实践"。所以对于现如今的行为经济学热潮，我反而会想"怎么现在才来提这种东西"。

当我开始发觉消费心理的重要性时，正好是"小偷集市"刚刚走上轨道的时候。

像我这样完完全全的外行人能够做到的程度，也就是拼命去观察顾客的举止、行为及心动时刻，从中觉察出潜藏的需求，并创造出让顾客喜笑颜开的店铺和商品阵容。

不过这样的战略手法（不如说是牢牢把握住顾客的策略）都离不开夜间营业、密集陈列、现货商品政策、POP洪水，这些都后来成为唐吉诃德制胜法则的商业之道。

总之对我而言，只有"人们内心的想法"才是萌生新兴市场的母体，没有之二。当然这样的市场需求连顾客自己都还未发觉，只是潜藏在内心深处的感觉而已。利用自己独到的方法将其显现出来，让顾客感觉到，并将其拉到货架面前，这样才能算把握住了巨大的商机。而这套方法所实现的最大成就，就是"夜间营业"了。

那要如何感知顾客们的心理、如何有效改造自己的店面呢？对此，我只有一种答案："磨炼直觉与感官。"

我自身的直觉能力与观察人的能力，也是在猪太郎时代磨炼出来的。说得具体一点，麻将代表的是人与人之间通过一决胜负的赛制，来实现相互锻炼、相互培养的战场。要想在游戏中获得胜利，必须用尽全力去观察对方的任何一个细微的表情和眼神、不放过每一个行为举动，从而看透其心理活动。我是肯定不愿服输的，所以才会在实战中拼了命去领悟一切。

把在游戏中如何取胜的心理分析，运用到如何让顾客满意的心理分析上，实际上并不难。这也是唐吉诃德黎明时期的最重要的武器。

说到底，商人所需的最终能力，不就是"敏锐地察觉客户真正所需之物，尽快并精确地采购到手后进行恰当的陈列"吗？

新几内亚带来的冲击

稍微换个话题，回到我少年时期的梦想："探险队"。

自从开始一个人创业"小偷集市"后，就没什么时间考虑探险的事情了，等到店铺经营好不容易走上了轨道，除了采购，其他事情也都能放手让员工去做了。到了这个时候，我少年时期的梦想才又浮上心头。我当时有一个无论如何都想去的地方，它就是被称为世界秘境中的秘境、印度尼西亚所属的新几内亚岛。

我的探险通常都需要一定的金钱、时间跟体力（尤其是那些观光客很少去的秘境地带,因为只能买到全价机票,所以成本相当高)。直到有一天万事俱备,感觉再不去就没机会的时候,我迫不及待地登上了飞机。

当飞机降落到新几内亚岛最大的机场——瓦梅纳高地机场时,我被眼前的事物惊呆了。正如提前预习的资料上所写的,作为当地的民族服饰,男性穿着一种称作铁克(Koteka)的阴茎鞘,女性则仅穿着草裙,都是一些几近全裸的当地人。我还以为是为了骗取观光客的钱而特意弄成这样,可仔细一想这里本来就没什么观光客啊。这世上还真是什么稀奇古怪的事情都有啊。

在那为期三周的旅途中,若让我将新几内亚的各种奇闻异见都一一拿出来分享,恐怕这篇幅就不够用了,总之在那个语言完全不通的秘境村落,靠手舞足蹈的比画来沟通,我真是经历了不少冲击性事件。

不论走到哪里,都能见到不少手指缺失的女性。一问才知道,原来每当亲戚或朋友中有人不幸离世时,为了不忘掉那种痛苦,她们会切掉自己的手指。先不论这种习俗是好是坏,这之中有我们无法想象的、与最为原始的同胞之间的强烈情感羁绊。

我在新几内亚秘境(最近还被称为魔境)内,遭遇了不少惊心动魄的事情。这不禁让我深刻地去思考人类的原点究竟是什么、自然界的道理到底是什么、生命又是什么。

可我为什么偏偏老爱跑去这些秘境呢？经常有人会这么问我，而我也确实说不太清楚。只好回答"就是喜欢"。热带丛林也是，因为到处都是有机物，充满着生命气息。大概将自己置身于原始的地方会感到心情舒畅吧。

唐吉诃德卖场里的商品，因为摆放紧凑而被形容为"热带丛林"。其实，这也是我为了"让顾客有一种在丛林里探险的期待感，并尽情享受"而特意创造的。换句话说，我正是唐吉诃德这片丛林的探险队队长。这样说来，我便是在工作中实现了自己少年时代的梦想，我觉得自己真的是一个非常幸福的男人。

招聘需求无法满足与批发时的专业性

再回到之前的话题。到了开业后的第三年，"小偷集市"已经稳定成长为当地有名的商店了，但仍然留有一个难题未能解决，那就是员工。当时的店铺仅靠我一个人已经应付不过来了，所聘用的员工却总是稳定不下来，没过多久就会离职。

当初因为经济景气到处都是人手不足的状态，而异常忙碌的零售行业就很少有人选择做了。更别提我们这种小型的、还是夜间营业的店铺了。再加上店名是"小偷集市"，很多人恐怕是羞于让亲戚、恋人知道自己是"在小偷集市工作"吧。

于是，我把公司名字换成了与店名完全相反的名字。当时是想选择"Justice"（正义）的，但念起来不顺口，就改成"Just"了。这就是Just股份有限公司（1980年成立），也是唐吉诃德股份有限公司的前身。

然后，即便改成了更像样的公司名称，也没能轻易地稳定住员工，更别提培养了。"小偷集市"虽然已成为超级旺铺，但还是我一个人在采购、陈列、推销。我一个人作为主角身兼四职，照看着的一人店铺……说起来好像超酷的样子，其实仍然没有走出"一人探险队"的窘境。

在经营方面，一直都采取"打包成批"地进货，完全没想过库存管理之类。也没有进行过库存盘点，更别提什么损失率的统计了。简直就是一笔糊涂账。"反正这样也不大可能发展出更多的店铺了"。

那个时候我自己心里还算清楚。可我也不是为了这种小生意，才选择创业的。在我内心还是藏着要做大规模企业经营者的雄心壮志。所以只拥有一家旺铺并没有太大意思。于是内心开始蠢蠢欲动起来。

而一路经营到了现在，大批量采购商品的机会也逐渐多了起来。有时候量大到仅凭自己的店都处理不过来。因此，会联系一些熟识的店长（此时已经积攒了一定的人脉），多出来的货品就会协调到其他店铺去。

如此反复几次过后，渐渐地为其他店铺协调货品，这也成了一笔买卖。也就是所谓的"中间商"吧。更有意思的是，随着进货量的增加，光是进货这个环节人手就已经够呛了。等到自己反应过来时，才发觉这一点。

正如前面提到的，反正"小偷集市"这一家店铺怎么做，也无法实现多家店铺的共同发展。于是我下定主意干脆将"小偷集市"转手他人，专注于批发业务了。至少，要想做成大生意，批发看起来总归比零售来得快。

于是我在 1983 年成立了"Leader"批发公司。亲自踏入了曾经让我饱尝苦头、也磨炼了我的低价甩货批发行业，我决定要一门心思做好它。

革命性的批发商年收入 50 亿

很快，"Leader"就走上了轨道。当初时常因资金链的问题备受困扰，后来经过一番斗智斗勇后，拿下了独家购货渠道。那些在"小偷集市"时代积累下来的专业知识，都对批发行业的创业起到了很大的作用。

而且在 Leader 并没有采用传统的销售方式（即业务员开着卡车载着满满的商品在全国各地来回跑），而是改为利用电话和传真的形式进行推销。一般低价抛售的甩货商品各种各样的都有，很多时候需要亲眼确认实物后才能判断，但因为想要尽量利用刚开始普及的传真设备，再加上如果到货后觉得不满意还可以退货的条件，促成了使用"电话+传真"这种更有效率的销售方式。

这在当时，可谓是颠覆了行业常识的一种革命性做法，但是大获成功。

不过，这种销售方式其实也是迫于无奈。刚成立不久的Leader其实更像一家怪异的批发商店（事务所位于埼玉县和光市）。因此，没办法招聘到大众公认的认真且优秀的人才。当时的男性员工包括我在内，全都顶着一头烫发（当时流行于黑社会、暴力团体的一种近似平头的电烫卷发）。

这些人要是因为在外面跑，而引起什么不必要的争执会让我困扰。首先，他们肯定不会老老实实地做事而是在混日子。我曾经就是那样过来的，所以很清楚。而且一旦离开了我的视线就会搞些幺蛾子，管也管不住。所以还不如将他们关在公司里面老实待着，让他们在我看得到的地方负责电话销售。

当时的同行，无一不是一个劲儿地发牢骚"明明就算看了实物也不怎么卖得出去，居然还搞什么电话销售"。这些不过是他们所受局限的行业常识。

派车上门的销售，经常都是开两小时的车、交流五分钟，这种卖法非常没效率。而通过电话，仅靠一个业务员，不论是北海道还是冲绳都可以不受时间与距离的限制，畅通无阻地沟通。

我让业务员从早到晚一直进行电话推销。事情谈成后，他们可以获得20%的毛利作为收入提成，因此曾有好几位勇士的月收入达到上百万日元。并且，因为签约了负责向客户方运送商品的运输商，也聘用了负责收款工作的专业人员，所以彻底落实了销售、物流、财务的"三权分立"体制。从这个意义上来说，Leader实现了批发行业革命性的崭新形态。

至此，Leader在成立数年之后实现了约50亿日元的年收入，成为关东（关东地区是日本地域中的一个大区域概念。其包括日本本州中部濒太平洋的一个地区，由茨城县、枥木县、群马县、埼玉县、千叶县、东京都、神奈川县构成）最大的现金交易批发商，每个月甚至能达到几千万日元的利润。这与白手起家时的"小偷集市"相比，完全是做梦般的出人头地。

就算这样，我仍未满足。毕竟商品的进货渠道以及销售渠道都局限于特殊的现金批发领域，已经很难扩大现有的规模了。事实上，现金批发商跟零售业不一样，当时几乎没有能够做到上市的企业。

于是，我想着利用我在"小偷集市"学会的低价促销经验，以及在Leader掌握到的资金实力与商品能力，再次去进攻零售行业。

另一个"再次涉入零售业"的理由

在下决心"再次涉入零售业"时，还有另一个理由。

我曾将自己在"小偷集市"的成功经验和密集陈列心得，都传授给了Leader时期所认识的一些老主顾：比如折扣店的老板或希望创业的人们。我也曾指导他们"如果跟同行的连锁店做一样的事情肯定无法成功"，但对方始终不得其中的要领。

就算是建议他们提高商品和日用品的密度，而形成丛林化的卖场，结果也只是被认为"你这不过是想要推销Leader的商品"。于是我只好说："那你去其他地方采购也行啊。"实际上对方也这么做了，但没能成功。这样一来倒不如我亲自来做给他们看看，证明一下我说的是对是错。

此外，还有那个极具诱惑性的夜间营业，我也想亲手再次让它绽放更大的魅力。

再多说一句，当时日本还处于各大连锁企业（大荣、伊藤洋华堂、吉之岛等）群雄割据的时代，而以折扣为亮点的店铺，在全国更是足足有四五万家。向这些店铺供应商品的批发商差不多有一千家吧。

然而这三十多年下来，现存的折扣连锁店，包括我们公司在内也仅剩十余家，其他大部分被淘汰掉了。批发商方面包括最顶级的DOSHISHA在内也仅剩几家企业，其他的全都退市了。不禁让我有种已经隔了好几个年代的感觉。

究其原因，以前面提到过的折扣店老板们为例，很多人都是抽出业余时间来做副业而已。现在想来，这么做自然是行不通的。我所说的店铺与卖场的规划，却是需要异于常人的时间与精力、觉悟与热情。

当然之所以能够有这般切身体会，都是源于亲自经营之后所经历的各种艰辛与多次试错后的结果。而且值得一提的是，一直到唐吉诃德二号店开业时（1993年左右），那些折扣店基本全被淘汰掉了。因此我更加深刻地明白，在这个行业生存有多么艰难。

在这个领域里，我再次恢复到自信心爆棚的状态。

却不曾想很快就遭到了沉重打击……

第 2 章

唐吉诃德的诞生

唐吉诃德一号店的首次失败体验

再次涉入零售业的我,决定将新的店命名为"唐吉诃德"。这里面既有用大字写在招牌上,看得清楚又容易记的理由,也深藏着我自己的某种决心。

唐吉诃德(Don Quijote de la Mancha)原本既是西班牙文豪塞万提斯的名著,也是其主人公的名字。这位主人公骑着一匹瘦马,怀揣理想,朝着风车一往无前的样子,象征着一种充满壮志又不顾后果的"英雄"形象。

我也想把零售行业这个巨大的"风车"视作对手,就算是孤军奋战,也想要打破固有的权威与常识,朝着自己的理想勇往直前……虽然自己也会对这种幼稚又自命不凡的想法感到不好意思,但事实上这正是我在当时最真实的想法。

说得再具体一些,就是这样的感想:

当时处于泡沫经济的鼎盛时期,百货商场或 GMS(综合超市)之类的大型零售行业都正值春风得意之际。所以才会无论如何都不想模仿别人,而是在自己选择的道路上奋勇前进……就是有一种强烈的自我约束念头。

1989 年 3 月,唐吉诃德一号店(府中店)在这种背景下诞生了。这家店位于首都郊外沿街的超好地段,卖场面积低于彼时大店法（大规模零售店铺法）所规定的上限 150 坪（实际 139 坪），属于大型店面。

我对这家唐吉诃德一号店，从开业前就抱着万分的信心。因为通过"小偷集市"我已经掌握了独有的低价销售的成功经验。而且在"Leader"时期所积累的资金能力和商品筹措实力，让准备工作更加万无一失。店铺面积足有"小偷集市"的八倍，所选地段更是之前无法比拟的。

"'小偷集市'仅 18 坪就能卖到 2 亿日元，如果店面面积是其 8 倍的话，应该就能轻松拿下 15 亿日元吧"……然而，这样的自信解读却被现实彻底粉碎了。第一年的营业收入只有 5 亿日元。自然是相当大的赤字。唐吉诃德出乎意料地遭遇了悲惨的开局。

我也因而再次被逼至绝境边缘。

地段不可妥协

讲到唐吉诃德一号店在起步冲刺阶段跌倒的理由，以及之后的事件之前，先来介绍一号店开店前的背景吧。因为不想重蹈"小偷集市"漫无计划走一步算一步的覆辙，在选址唐吉诃德一号店时我曾非常挑剔和执着。

就在一号店开业前的两年时间里，我一个不漏地查看了 300

家以上的大型房产数据。这般仔细探究后，偶然间发现了还不错的目标。然而，即使拜托了房屋中介出面，那边的屋主仍然一律回绝。

这也实属情理之中。当时的我，只不过是从事折扣品批发商的经营者，还没有经营过任何零售店铺。本来就不太可能有屋主，愿意把重要的土地托付给我这样比外行人略强一点点的个人。

当然，那时候也有不少人主动带着地产信息前来说："请您务必考虑租下来。"可在这些地产当中，并没能找到符合我选址要求的对象。

我的要求是，"（不超出大店法限制的）150坪以内的仅有一层的商铺建筑，位于首都主要郊区的沿街地段、道路上的可视性佳且每天的车辆通行量超过两万辆，能确保一定规模（五六十台）的停车场"，这是连我自己都觉得有点过分的要求。

因为我所追求的，正是当时大型郊区沿街连锁企业的店铺开发部门都在拼命挖掘的潜力店面，而我这样没有任何实际业绩的个人自然是无法轻易找到的，更何况获得签约呢。这真的让我切实体会到了什么叫"理想很丰满，现实很骨感"。

一招全垒打反击保住垂涎已久的商铺

尽管如此，我也不打算在选址上做出妥协。虽然想尽快让一号店开业，但没有必要如此焦急。在如此这般持续寻找与观望之际，机会就自己找上门来了。

偶然间从熟识的房屋中介处了解到一处商铺，步行就能到京王线东府中站，而且面朝甲州街道（国道 20 号线），是一个绝佳地段，占地面积为 880 坪，属于加工整理过的新地（当时是个平面停车场）。我简直垂涎三尺，想要立刻就拿下。无论怎样都想得到。

好货不等人。立刻展开攻势的我，直接前往屋主所在地进行沟通。然而，自不必说，我这种人根本就入不了他的眼。

"像你这样的，每天不知有多少人会跑上门来。我是不会租的。"对方如此冷冷地回绝了我。即便这样我也没放弃，每天都跑到屋主那里继续游说。

结果，就在这个商铺快要落入某大型餐饮连锁店之手时，我完美地通过一招全垒打反击努力抢回了合约。虽然只能全盘接受对方提出的条件，但仔细一想，当时能够租给我这样的人实属少见。到现在也觉得那像一场梦境，对当时的业主一直心存感激。

如此值得纪念的一号店就是"唐吉诃德府中店"。也多亏有这家店，才能有今日的成就，所以才能说，没有轻易妥协地段选址，才是在创业初期获得成功的先机吧。

来自员工的"毫无恶意的口是心非"

再回到之前的话题。万事俱备后终于开业的唐吉诃德一号店,为何从一开始就遭遇不顺了呢?

从结论方面来讲,是因为我所追求的独特的店铺经营方式过于脱离行业常识,以至于无法获得员工们的充分理解。

唐吉诃德从一开始就让我碰到了"这下可不好办了"的难题。

一对员工们强调"我们所追求的是有别于其他店铺的经营方式,希望大家都能努力实现它",大家都会大声回答:"好的!"但开始工作后,根本就没人按我说的去做。这就是毫无恶意的口是心非。

这也难怪。当时(也许现在也一样吧)零售店的经营常识就是要"方便看到,方便拿到,方便购买",但我完全反对这种定律,而是要求做到"不便看到,不便拿到,不便购买"。可从他们的立场来看,对这些脱离常识的东西,不一定能充分理解,反而成为一种混乱。

这样一来不如我这个社长亲身上阵,可我因批发店的业务正忙得抽不出身来。当时的唐吉诃德因为每个月发生着高达一千万日元的赤字,需要通过批发店弥补损失,所以也没法将批发店的经营彻底放手交给下属去管。

而且像唐吉诃德这样的大型商铺，本就没法像"小偷集市"那时候一样，由我一个人做主角，身兼四职去管理了，而且这么做也不利于企业日后的可持续发展。如果没有我，员工们通过团队协作也应付不过来，那也没有必要创建唐吉诃德了。因为唐吉诃德的成立前提就是，要实现"企业化"和"多家店铺共同发展"。

那时候我总是同一线员工们讲述梦想："不要去模仿那些大型企业，要做就做有个性特色的店铺，这样才能成长壮大。"

虽然在场时他们都点头，但当我因为专注批发店的业务而无法两边兼顾时，又死灰复燃地变回到大型零售企业的做法了。

我那么咬牙切齿地跟员工们说明了要如何执行密集陈列，却总是无法获得认同。放弃了言语上的解释后，我就在员工面前亲自动手，一对一地拼命演示给他们看。

然而，还是不起作用。再怎么努力，仍然做不出我想要的密集陈列效果，只不过是单纯地将商品胡乱堆放到一起而已。

我实在是无法理解。都已经指导到这种地步了，怎么我的员工还是做不到呢？又不是在训练耍杂技或者曲艺表演什么的，那么简单的商品陈列也学不会吗？到最后我甚至认为，"难道他们都是傻子吗"。

可是"傻的"反而是我自己。我所做的事情就像读卖巨人队的长岛总教练对高中球员们所说的那段话："不过就是这样紧盯着球，然后用劲儿一拉，像这样奋力投出去。怎么就是做不到呢？"

仔细想来，如此脱离常识又复杂怪异的卖场，刚入行的门外汉们怎么可能做得来嘛。更别说已有一些零售经验的人了：越是有一点"常识"的人，越是无法做到。想将自己多次身临绝境拼了命才领悟到的个人专长，一下子就教授给一个拿多少钱做多少事的员工，做不到也是理所当然的。

可是，就算是做不到，我也不会放弃自己所描绘的理想的唐吉诃德形象。那究竟应该怎么做才好呢？

"一万日元烧毁事件"

感到伤脑筋而焦躁不安时，我就会把气撒到员工身上。于是他们接二连三地提出离职。那时，我与员工之间的隔阂已经达到了极点。

还有一件事。是之后也在公司内部不断流传的"一万日元烧毁事件"。

有好几次，那些被我信心十足采购来的商品，不知为何并未在卖场上架，而是一直长眠于仓库里。等事后我才了解到，那是因为员工们总是优先上架那些"随处可见的畅销商品"，而对那些让我得意的"不好卖但利润高的特殊现货品"总是敬而远之。

某一天，我又发现这样的商品被隐藏在库房里的一个角落里，当即我就忍无可忍地爆发了。

我把负责的员工都召集到一起，当着他们的面从钱包里拿出一万日元，打开打火机就烧了起来。只见这一万日元在烟灰缸里立刻燃起来。

"您这是干什么啊！太浪费了！快住手吧！"

员工们不用说，开始慌了起来。

于是对着他们，我这么放了话：

"这有什么，我的损失也就只有这一万日元而已，可那些明明上架后就能赚到几十万日元的商品，却被眼睁睁地一直滞留在仓库里，这又算怎么回事呢?!"

这样突然的举动完全不是事先准备好的表演。而且即便点燃的是自己的钱，好像也是有违法律、法规的行为，只不过当时的我所知有限罢了。

这样的闹剧没少发生过，但我依然坚持不雇用行业专家或有经验人士，唐吉诃德始终都是由外行的团队在负责。真的是把业务与形式的独特性坚持到了这种程度。

为何一定要拘泥于此呢？至少，我是绝对不会将畅销商品作为重点、像教科书里写的那样去做卖场陈列、提倡"轻松购物"之类的……这也是我在"小偷集市"中得到的最大教训。

当然在这之后我也想尽各种办法。但店铺没能变成我想要的样子。我也明白"这么做的话一定卖得动""这么干的话会吸引到更多顾客"。可是这些在"小偷集市"所掌握的经验，不过是停留在我一个人的脑海里，就是无法传达到现场员工的身上去。

总而言之，光靠语言是不可能将自己的经验进行分享了。也就是"因为不能共享原始体验而导致的认知差距"。

授权后的幡然醒悟

到底要怎样，才能把我所想的传达给员工们呢？

就如我之前举过的那些例子，我又开始在绝望时刻痛苦地深思起来。

若不指导，员工就不会有行动。而且那时候在唐吉诃德，如果不一一地做出工作指示，是不会有一个人以主人公的心态主动行动的。

我也不止一次地想过"这样不行，不如放弃吧"。甚至一度考虑把店铺出手给他人。所幸最终打消了这种念头。

几经烦恼过后，最后我放弃了指导这件事。教了那么多遍都不行，只能得出这样的结论，那就是指导本身没有太大意义。

于是我横下心来"要是这也不行,那我就彻底放弃",决定不再"指导",而是反其道而行之。

即"亲自去尝试"。

而且,不是一部分而是全部放权。针对每位员工都指定了所负责的卖场区域,从进货到陈列、定价、销售全部"随意做",就这么彻底地全部抛了出去。甚至为所有负责人都准备了各自专用的银行存折(每个人需要有资金才能执行各自的业务,进货采购等。所以公司会为其准备相应的资金存折),让其掌管整个生意流程。正是这种做法成为日后唐吉诃德最关键的成功因素,即"授权"与"店长制经营体系"的最初尝试。

虽说如此,但也并非是完全慷慨的授权。当时我经营着批发业务,也算是选货、采购、销售方面的专家了。要说没有一丝犹豫那是假话。就跟那些日料店里的厨师长把操作台交代给实习的洗碗工一样,背地里急得跟什么似的。事实上经过观察,像是采购的价格比竞争对手店内的卖价高,或者所选择的供货商,人家一开始明明都是从我这里批发到的货,还要反过来从他那儿进货之类,这样的愚蠢案例数都数不过来。有时真想狠狠骂一句:都是哪儿来的傻子啊。

即便这样,我还是忍住口也忍住了手,一直注视着他们。因为跟以前完全不一样的是,员工们反倒越干越有活力了。

做过零售业的大概都明白,有人会讨厌做销售,但基本没人会讨厌做采购。采购会有种让人购物的快感。与个人购物相比，不仅数量上占优势，心情更加舒畅，还会夹杂着一丝紧张。而且可以用公司的钱随意采购，当然找不到比这更让人开心又刺激的事啦。

然而，既然是按自己的心意采购到的商品，自然有责任将其卖光。从制造商和批发商那里源源不断送来成箱的商品，渐渐地堆成了山状。负责的人随后就将到货的商品摆上货架，在自己所负责的卖场陈列时，整个人的神色都不一样了。

仅是陈列商品，并不等于说已经卖出去了，也有卖剩下来的情况，更会有失败的情况。所以大家才会去拼命思考"怎样才能卖得好呢"，而不停地尝试着各种方法和手段。大家不仅要宣传商品和卖场，还会为了相互竞争而自己手绘 POP 广告。

这般尝试下来，他们竟不知不觉地领悟到了密集陈列和独有的采购技巧。我把他们也带入了"小偷集市"时代自己所遭遇过的相同处境，与他们分享了类似的原始体验。所以，只要能创造出让人自发思考、自行判断、自主行动的"体验环境"，就能让员工们自主地培养"头脑智慧与创造能力"。

到了此时，那些懒家伙（抱歉啦！）方才获得了重生，成为勤恳又十分努力的团队。其中还有另一个原因。

因为经过授权之后，工作不再是一种劳动（work），而是变成了游戏（game）。员工之间进行游戏，能够让工作变得更有

当时东京府中一号店

趣，也能将心比心地把趣味性带到顾客身上，从而让店铺被一股热闹的气氛包围。

既然是游戏，所以我制定了以下游戏规则让大家严格遵守。这应该也是成功的关键之一。

・明确胜负的标准（胜负不明的游戏不能称之为游戏）

・限制时间（限制在一定时间范围内必须完成的才能称之为游戏）

・规则越少越好（规则越多越复杂的游戏会因为难懂而变得没意思）

・宽松的自由裁判权（没有比众说纷纭的游戏更没趣的了）

问题都在自己身上

在授权过程中，我发现了一件重要的事情。在这之前我一直认为"员工都不按我说的做。所以员工有问题"。其实，问题并不在员工，而在于我自己。

自己身上的谬论其实本人很难发觉。很多人越是走到死胡同，越会固执己见。这更加剧了恶性循环。而且就算发觉了自身的问题，要承认自己的不足也并不是那么容易。

而我是被逼到了崩溃的边缘。既然都已经要崩溃了，那自尊心什么的也已不再重要了。所以才能做出很大的决断吧。

当授权开始奏效时，人才也开始聚集起来。

此时，后来成为唐吉诃德董事长兼社长的成泽润治（1992年入职，入职时30岁，2013年因病退位），以及成为唐吉诃德控股的董事长兼社长的大原孝治（1993年入职，入职时29岁，现职）就是在当时入职一号店的。这两个人与之前的员工不同，我所讲的内容从一开始就能理解，都是特别优秀的人才。而且两个人跟我一样，相当不服输，也毫不隐瞒对对方的竞争心态。

于是，我特意将这两人从老员工中破格提拔出来，还有意促成双方的竞争（两人都于1995年被快速提升为元老级的董事成员）。这便形成了后来的成泽本部长所带领的第一营业本部

（一营）和大原本部长所带领的第二营业本部（二营）。唐吉诃德的初期阶段就是在这一营与二营的激烈竞争与相互切磋中，快速成长起来的，具体情况稍后还会介绍。

最终，偶然在同时期进入一号店的两个人，经过在现场一路打打闹闹，爬到了年收入几千亿日元的主板上市企业的社长职位，应该算是前所未闻了吧。通过这件事也希望各位能够看到我们是如何充分尊重现场的。

"因信任而托付"的经营

要说到授权时最重要的条件，我只有一句毫无新意的话——"疑人不用，用人不疑"。

信任员工，并把工作完全交付给他，大家才会努力去对待。而且工作变得有趣后，员工就像在玩游戏一样，会萌生出"想赢"的想法。当然赢了会开心，输了也会有遗憾。所以才会停不下来一直玩游戏。通过这种反复的体验，大家的水平会得到飞跃性的提升，现场状态也会得到改善，不断地蜕变与成长。

如此良性循环，会带来有别于其他零售业的文化DNA，这正是唐吉诃德最根本的动力源泉。

"信赖"这个词的字面含义就是"信任并依赖"。如果有人告诉你"我相信你。所以一切就靠你了"，这和"一定要给我好好干呀"单方面的命令相比，打动人的力量可以说是云泥之别吧。

一旦因为信任被托付工作，人们总会感受到一种义气的存在。以这样的性善学说作为经营基础的话，自然会生出信任的良性循环。

我想在此讲一段象征性的小故事，可能在时间上稍微有些颠倒。

2011年3月11日发生的东日本大地震，曾使得我们公司位于关东北部至东北地区的大部分店铺遭受了毁灭性的灾害。地震发生后不久，受灾各店之间就完全失去了联系，更别说与总部取得联系了。因此，从店长到所有员工都不知道该如何做应急处理。甚至连各自家庭成员的安全状况如何都不清楚。

虽然是这样，他们却出乎意料地做出了相同的举动。从受灾当天起便从店内拿出必要的生活物资，领先于其他店铺开始销售。即便因为停电没法打印收银条，也会各自拿出计算器进行手工计算。另外，还将保质期短的生鲜食品和冷藏商品都无偿分发给了顾客。甚至有好几家店主动做饭赈济了灾民。

当然这些都不是源自总部或者我的命令，也不是因为谁的委托才做的。全都是根据现场情况做出的自行判断和自发行为。之后当我了解到了情况，才第一次深深地体会到"因信任而托付"的经营是多么值得骄傲的事情。

进攻要主动，防守是基础

一系列事件下来，唐吉诃德一号店的府中店总算在开业一年后走上了正轨。到第三年即1991年时，年收入已经达到14.4亿日元，快接近最初设置的15亿日元的目标了。然后分别于1992年达到17.8亿日元、1993年达到20.8亿日元。之后一路保持顺利增长。值得一提的是，顶峰时期的年收入甚至超过了目标值的两倍，实现了40亿日元（1998年6月）。平均每坪（3.3平方米）实现了2878万日元的年收入，这几乎是普通超市至少十倍的平均坪（销售）效率了。

一号店走上轨道之后，一直到1993年二号店（东京杉并店）开业的四年，才是最最艰苦的时期。在这四年里，也汇聚了促使唐吉诃德成功走到今日的潜在因素。

于我而言，虽然府中店实现了顺利周转，但二号店的开业反而更为慎重。也因此迟迟没能物色到满意的商铺。

鉴于此，首先我打算做好防守的部分（内部巩固），巩固到一定程度后再考虑技能的提升。就像前面提到过的，完全不考虑雇用有经验的人士，因为是与其他人完全不同的做法，所以对人才进行培养也需要一定时间。

并且在暂缓进攻（开店）的同时，我还对POS（实时销售信息管理，1992年导入)、EOS（在线订单管理系统，1993年导入）等进行了投资，力图完善内部的基础设备。毕竟店铺的经营仅靠进攻是不够的。

在世人眼里，我一直是一个强势的、极具攻击力的经营者形象，然而事实与此相反。我自认为是一名更善于防守的经营者。就算是能打出破坏性一击的天才拳击手，若不做防守，总会有被一击倒地的时候。如果不能具备与攻击力相匹敌的、最起码的防御能力，是绝对没法成为冠军的。

因此我一直坚信：进攻就是主动去做别人不愿意做的事，但防守要视为一种日常基础。若没有了防守的基础，就更不可能准备好积极的攻击了。

泡沫经济时代不顺应潮流的远见招来了好运

要说攻与守的关联，其实我在泡沫经济时代完全没有参与那些理财、土地倒卖之类所谓"攻势"。

在唐吉诃德创业期的时候，我身边就有很多人因为买卖不动产而赚花了眼。一晚上挣个一两亿都不是什么稀奇的事。我却仍然做着每件商品赚个五十、上百日元的买卖。简直就是天壤之别。好歹我也是曾在不动产行业留下过名声的男人，是不是也该试试⋯⋯不得不说，也确实好几次快要被这种诱惑冲昏了头。

不过，很快就产生了一种直觉"到现在才出手的话，肯定得栽跟头"。大概这也是年轻时打麻将培养出来的胜负直觉在脑海里敲响警钟的缘故吧。

一旦尝过了泡沫的甜味儿，恐怕只会欲罢不能吧。这跟一杯酒对于酒鬼、一支烟对于戒烟者的诱惑是同样的道理……我很清楚自己的自制力会有多差。所以只好作罢。

也就是说，早已看透了输赢的规则。

不出所料，作罢才是正确的选择。泡沫破裂之后，唐吉诃德竟然做到了毫发无伤。

不仅如此，幸福还来得尤其突然。泡沫瓦解后，那些绝佳地段的商铺都在一个个转让，唐吉诃德得以用便宜的价格将其买下来。在那之后每当泡沫经济破裂后，我就不断买入。而现在，我却不怎么出手了。

有些人虽然认真又特别有才，但总是在事业上不尽如人意。这样的人让我来说，就是没学会"看透规则"。一味地在全力奔跑，却不能察觉到身边那些暗示着危机的细微变化。他们虽然非常努力，但正在拼命地自掘坟墓。

事业是一项长期的挑战。打算开始创业的人也不需要有任何的犹豫，但至少要清楚的是，有一些场合是需要去提前看透输赢规则再行动的。

"六成爆款·四成尾货"

二号店杉并店，是于1993年11月开始营业的。当时府中店的营业收入刚好突破了20亿日元的大关，让我从心底坚信"这次，（唐吉诃德）肯定能成"。事实上，杉并店在第一年就火速创下了15亿日元的营业收入纪录。

从那个时候开始，我便专注在零售行业里。放在批发事业"Leader"上的精力逐渐减少了，1995年当我把商号（公司名称）Just株式会社更名为唐吉诃德株式会社时，Leader的批发功能也变得有名无实了（Leader现已成为关联子公司）。

尽管如此，也不能说我完全对Leader放手了。

在第一章中我没有提及，当初决定再次涉入零售行业时，其实还存在第三个理由。那就是希望将当时的主业Leader实现稳定与扩大。

我虽然对零售行业抱有一种执着，但从没打算放弃Leader这棵摇钱树。换句话说，是想脚踏两只船来防控风险。凭借Leader的进货源就能保障唐吉诃德的经营，这种"特定商铺（onlyshop）"制度也让我发现了今后的出路。与其将商品供应给非特定的多个合作方，还不如供应给特定商户。这样更能实现有效的扩大成长。

于是，我想到把唐吉诃德做成一个范本式的商铺。就算唐吉诃德最终不能达到广告招牌的效果，赚到那么多钱，至少能让 Leader 这个主业把本钱给赚回来吧。运气一好一箭双雕也说不定……我正是如此做的"打算"。

然而，我的计划落空了。唐吉诃德非但"没赚到什么钱"，就像前面提到的，反而沦落为已经影响到生计的重大赤字。完全是从"一箭双雕"反转成"赔了夫人又折兵"的可笑窘境。

这么一来，看似不得不在"是 Leader 还是唐吉诃德"中做出选择了。但我想应该"先 Leader，后唐吉诃德"，在两者之间实现更好的对接。因为 Leader 从一开始，就被我视为"小偷集市"的进化版。

举个例子，唐吉诃德的基本商品政策叫作"六成爆款·四成尾货"。这正是诞生于 Leader 时期的产物。这项指标从一号店开始，就被视为我们企业不变的黄金比例。尾货商品是指那些不定期采购的商品，由于采购价格便宜，可以获得比爆款商品更多的毛利润。六成的爆款商品可以实现稳固经营，四成的"尾货"商品则能收获暴利。这样的独创性与行业经验都离不开在 Leader 的经历。

像优衣库和无印良品那样具备自家生产功能的制造型零售业被称为"SPA（speciality store retailer of private label apparel）"，按照这种理论，唐吉诃德可以说也具备了批发功能的"批发型

SPA"。正因为如此,才会形成巨大的进入壁垒(英语 Barriers to entry)而难以被其他人复制,但很少有人看透这一点。

换言之,"没有 Leader 就不会有唐吉诃德"。若将"小偷集市"这位创始者作为其祖父、将"Leader"这位企业家作为其父亲,唐吉诃德于我而言就是第三代的事业开辟者了。

解决地段问题的"解决方案型"店铺的开发模式

话说回来,其实在选择二号店的地段时,我曾经十分苦恼过。我再次花了很长时间查看房屋信息。然而,像府中店那样的奇迹却再也没有出现,完全挖掘不到中意的目标。

当意识到再这样等下去也不会有什么着落后,我便使出了一招妙计。

因为在行业新闻中报道了某家大型餐饮连锁店正准备对自家店铺进行重组,于是我亲自跑去总部,拜访了店铺开发部的部长。在沟通中我所期盼的是"如有计划关闭的店铺,还请务必转让给我"。

这跟常有的结业店铺整体打包转让不同。拆干净了再转让固然最好,但考虑到租期的限制(提前解约会发生违约金等)而不得不持续经营的店铺,如果有人愿意代为接手,对于转让者而言,其中的好处要远远超过整体打包转让。这样的开店方式也是唐吉诃德特有的被称为"解决方案（solution）型"的独特开店方式。

二号店、四号店（千叶木更津店，1995年开业）、五号店（千叶幕张店，1995年）都是采用了类似这家餐饮连锁企业打包转让的解决方案型开店模式。最终，唐吉诃德以格外划算的成本就获得了大型流通企业的店铺开发能力，从而易于发展更多店铺。

还有一种别具特色的解决方案型开店模式，之后也在很大程度上助力了北海道、关西等其他地区的开拓。这些店铺都是与当地主要家电量贩式连锁店（相互电器、和光电气等）一起合作，是一种利用我们公司的顾客召集实力，而与现有的家电连锁实体店共同经营的开店方式。而且在那之后，这些家电连锁企业经营破产后，我们完整地接下了那些实际店铺，实在是出乎意料。

不知不觉中，这些解决方案型的开店方式成了我们公司独特的成功模式。即使到现在，我们仍会在全国的郊区等地，战略性地推动以承包SC（shopping center，购物中心）大型闲置空间为模式，来筹备开店的解决方案。

虽然唐吉诃德是拥有丰富商品种类的综合性折扣品旺铺，但在开店时经常遇到来自商业街、SC等专营店汇集区域、设施管理处等方面的压力。当时是以夜间活动的年轻人为主要顾客，因而也被保守派及中老年顾客排斥。这些因素促进了之后所发生的居民反对运动，我在后面会有详细描述。

之所以这么说，是因为唐吉诃德真的是命中注定开店不顺。因此，就算是交给专业的商业房产公司或是租赁中介，都得不到解决，所以才不得不从公司内部考虑如何将店铺开发更加制度化。

没想到这成了日后唐吉诃德最厉害的武器。因为"批发型SPA"兼"店铺开发型SPA"正在发挥它们的真正威力。至今我都认为没有任何一家连锁企业能够具备我们这样的店铺开发能力。而且，我自己正好最擅长这种高难度的业务。

当然不用说，这又是一个迫于无奈的完美反转案例。

股票上市与"不让自己失控"的五大禁忌

1993年的二号店开业之后，营业收入开始有意思地增长起来。1995年开始正式启动多家店铺的经营。每家店铺开业都是在做好一切准备之后强力出击。竞争对手企业因泡沫经济正处于严峻的萧条状况而接连倒闭，我们却开始了"唐吉诃德势如破竹般的快攻推进"（引用自当时商业刊物的报道标题）。

到了第二年，也就是1996年，年收入超过了100亿日元。同年12月，唐吉诃德在场外市场正式公开发行股票。从一号店的开业起,到第八个年头就实现了急速上市(1998年在东证二部上市、2000年改为东证主板市场)。

决定发行股票之事,还是在三年前的一次会议中,为了给员工们带来希望,我随口说了一句:"将来也有可能公开发行股票。"

原本想着员工们也都当是"社长又在吹牛了"而一笑了之了,没料到他们竟然会有所触动,一个个都出奇地振奋:"好啊!好啊!"如此一来,我一言既出就不能收回了。

本来那个时候我就觉得,发行股票为时尚早。然而,通过熟人认识了有大型证券公司背景的顾问后,我了解到完全可以做得到。在他的指点下,才不过一年左右的时间就实现了上市。

也就是在那段时间,顾问让我深刻领悟到了股票发行的好处与坏处。我还被不断叮嘱"一定不能脱离了合规与企业治理(corporate governance)的理念"。

但虚荣的我以为"发行股票之后就能成为土豪了"而一度飘飘然。当时,几乎所有唐吉诃德的股票都是我一人把持着。一旦公开上市虽然会稀释一部分,但我依然是持有超过50%的股票的大股东。而且,自不必说这些资产我是不得随意使用的。后来我痛苦地领悟到:"金主"与"股东"这两个词原来是似是而非的。

有点跑题了。因为顾问的一番建言，我在公开发行股票之际也转变了自己的态度，决定重新构建公司体系。

在此之前，唐吉诃德都还只是为了实现我个人愿望的一种道具而已。如今，却不得不舍掉其中的"私欲"，将其变为"社欲"才行。要成为社会公有物的上市企业（public company），就必须舍弃"私人物品"的想法。

一方面，唐吉诃德因为盛行授权的风气，所以公司员工不用对我或其他任何员工有所顾虑，能够相当自由地处理自己的工作。在被称为卖场的游戏战场上，唯有放手自由一搏才能最大限度地发挥每个人的实力。因此要尽可能地减少限制与约束。另一方面，也要制定犯规的基本条例，否则就不能形成公平的游戏。况且，既然要成为公开的上市企业，就必须有相应的规则与约束。

与此同时，我也为自己立下了坚定的誓言，那就是无论如何都不要有创业经营者容易犯下的独裁者或暴君的行为。

五大禁忌

1. 禁止公私不分
   - 以职责之外的目的使用公司的商品、设备等
   - 工作时间处理私人事务

- 直接从合作企业以成本价格购入私人物品
- 在现场工作时，穿着不恰当
- 在公司内进行与业务无关的活动

2. 禁止在工作中谋取私利
- 接受来自合作企业的款待和礼品（含各大节日等）
- 获得来自合作企业的私下好处、关照
- 将合作企业提供的用于职务上的物品挪作私用

3. 禁止不作为
- 对于应当立刻汇报、联系、沟通之事有所怠慢
- 轻易泄露在职务上获悉的机密信息
- 工作之际滥用商品
- 向熟人、员工打折销售商品
- 未认真对待商品、备用品的处理与保管
- 没有坚持节约理念，过度浪费消耗品

4. 禁止徇私
- 上级私自利用下属
- 员工之间相互借款或赠送
- 结婚是由上级做的中间人
- 看到也当看不见而维持"错误的社内和谐"
- 上下班时冒用他人的员工证，或委托他人
- 因个人情感不愿相互合作，影响到业务的顺利开展

5. 禁止中伤他人

・在公司内部八卦他人的家庭、家世、异性关系等

・在未与当事人沟通过的情况下一味批评他人工作业绩（批判虽好，但应该当面坦率沟通）

以此为契机，我制定出了"禁止公私不分""禁止在工作中牟取私利""禁止不作为""禁止徇私""禁止中伤他人"这五大禁忌。

其实，这五大禁忌原本是为了对我这个创业者有所约束。

跟我的长相有些出入的是，我其实很认真与较真儿，对人一向是言出必行、说到做到。制定禁忌并进行公开后，我就不得不去遵守它了。将我这般五花大绑起来，也许就不会发生失控的情况了吧。结果，被五大禁忌影响最深的，正是我这个制定禁忌的发起人。

我原本就格外看重人情，所以有意去改掉这一点。员工之间的相互勾结或私情本身就有百害而无一利。所以我才会禁止上级做下属的媒人。而且本来对于员工的评价就应该只是单纯对于工作能力的评估。这么做也是因为不想在对工作、人事进行评估时模糊了双眼所采取的措施。

总之，在五大禁忌发布之后，我能感觉到员工们真正地融为了一体，公司内部也同心合力。当时的唐吉诃德有一种从安

田商店转变为企业的氛围。而我心中的唐吉诃德也已经从实现个人欲望与野心的工具，变成了为履行社会责任与为社会做贡献的产物。

成为街道振兴引爆剂的新宿店

就在公开发行股票后的第二年，即1997年10月，唐吉诃德新宿店正式营业。作为第八号店的新宿店是第一家位于城市中心的大型商铺（卖场面积约300坪），让唐吉诃德一下子闻名于全国，该店也成为企业日后能得以快速成长的动力来源。

因为新宿店所带来的成功，也让唐吉诃德从原先仅局限于郊外沿街的选址，发展为能够在城市中心区、商业繁华街区选择自己独特的商铺位置。在那之后还陆续在涩谷、新宿东口、六本木、池袋、银座、秋叶原等中心区成功开店，这些店都成为"超级"热闹兴盛的旺铺。

随后还发现，因为城中心店铺的积极形象与信息宣传效果，带动了郊区店铺的人气和营业收入的飞涨。于是，城中心与郊区两手都要抓的开业形式成为我们公司日后的基本战略原则。

其实一开始在公司内部一度有人认为"新宿店的开业有风险"。该店面对着职安通（日本国营的免费职业介绍所），是一个极其不好的背街地段。职安通一带现在已成为挤满大批观光客的、日本最大型的韩国商业街区（Korean Town）。我们刚开始进驻时，职安通还属于"有点可怕"的街区，用当时的零售行业常识来看，那是任何人都会有所犹豫的地段。

唐吉诃德却在很大程度上改变了这种状况。一直营业至深夜的新宿店成为该区域的核心力量。渐渐地，周围聚集起了其他餐饮店和百货店，自然而然地形成了即使在夜晚也有居民络绎不绝前来的热闹商业街区。正因为如此，唐吉诃德才成为街区振兴的引爆剂。

决算推移表

决算期	营业收入	与前年相比	经常性净利润	与前年相比	店铺数
1996年6月	113.7亿日元	206.3%	5.8亿日元	156.26%	6
1997年6月	159.5亿日元	140.3%	7.7亿日元	132.6%	7
1998年6月	255.2亿日元	159.9%	15.0亿日元	194.6%	10
1999年6月	465.2亿日元	182.3%	36.7亿日元	244.9%	19
2000年6月	734.0亿日元	157.8%	58.9亿日元	160.4%	27

创造奇迹的十个关键词

这期间，用"一路狂奔"来形容唐吉诃德的急速成长再贴切不过。公司内部上上下下都为之振奋不已。各个期末的决算结果如上图所示。现在回想起来依然抑制不住地激动，正如字面所示，这是一场势如破竹的快攻推进。

为何能够实现这奇迹般的成长呢？彼时的日本尚处于经济停滞、通货紧缩时期，很多零售业都处于消费低迷的困境。对于我们公司能在这种状况下异军突起的主要因素，我进行了如下简单的梳理。

①夜间市场

唐吉诃德最大的成功因素就是发掘和开拓出了"夜间市场"。当时，店铺里最拥挤的黄金时段是晚10点至凌晨2点，空闲时段是在上午10点至下午2点，这与普通商铺的情况完全相反。

唐吉诃德作为现代年轻人的"夜间探宝之所"，挖掘到了他们的潜在需求。换句话说，就是创造出了新的市场需求。因此，我们公司才能享受到丰厚的"创业利润"。

②CVD+A

这是指"更加便捷（CV：Convenience）""更加便宜（D：Discount）""更加愉悦（A：Amusement）"。也是唐吉诃德持久不变的经营理念。

世界上便捷（CV）的商铺有很多。也有一些便宜（D）的店铺。应该也存在"既便捷（CV）又便宜（D）"的店吧。不过在我看来，这只是一种"1+1=2"的产物。除了实现"既便捷又便宜"，再加上"愉悦（A）"的附加价值后，发挥出"1+1=无限大"的协同作用，才有可能实现夜间营业。

创业初期，在问到对于唐吉诃德的印象时，那些来店的顾客通常会回答"夜间祭典、小时候去过的粗粮点心铺""有点像幽长的亚洲露天集市"。貌似很多顾客都对唐吉诃德抱有一种说不出的兴奋和怪异的感受。

然而这种非常"奇葩"的经营理念在日本，甚至全世界都实属罕见。正是这种可谓独一无二（only one）的独创性，才能让唐吉诃德在各路竞争中脱颖而出，在业界独树一帜。

③从卫生纸到顶级品牌

在唐吉诃德，你可以找到任何东西。从日常生活用品到调味料、服饰、杂货、化妆品、家电产品，甚至劳力士、LV、香奈儿等高级品牌商品应有尽有。在这里能买到你想买的所有东西。这样的经营模式在全世界也找不出第二家了吧。

在差不多300坪的卖场里摆放着4万多种商品。而后期成为主流的大型店铺，更是达到8万至10万多种商品，其种类远远超过那些综合超市。

④密集陈列

因为唐吉诃德的店面只有超市的1/10或者顶多1/5。所以才会选择"密集陈列"。

这种"密集陈列"是在平均每坪的空间中塞进上百种商品,所以看起来像热带丛林。这也为顾客购物带来了"卖场探险""淘宝"般的乐趣,酝酿出了唐吉诃德独有的愉悦氛围及魅力。

为了提高单位坪(销售)效率,特意取消了库房空间。事实上,唐吉诃德从一开始就没考虑过预留仓库的想法,而是将所有商品陈列到卖场内。当然也没有任何放于他处的周转备用库存。换言之,密集陈列本身就起到了优秀的库存管理功能。

⑤辅助商品

是指没什么知名度,但其实非常有价值的商品。想想那些生产过家电 OEM(original equipment manufacturer,代工品牌制造)品的厂商所制造的商品就不难理解。这样的产品与名牌厂家的商品有着同样的性能,但缺乏品牌效应与知名度,所以即便价格低廉也不怎么卖得动。只不过因为顾客们不知道这背后的信息而已。

仅摆上辅助商品不一定能唤起消费的需求,所以还需要在店内进行宣传。也就是将诸如价格实惠、性能优良,虽然是无名厂家但拥有很高的技术实力等信息,通过陈列方式、POP 等一系列手段传达给顾客,才算真正体现其商品价值。

当然,这些辅助商品大多都是尾货,所以采购价格极其便宜。因此就算以很低的价格卖给顾客，也能赚到很高的毛利率。所以辅助商品能够同时提高顾客的利益与公司的利润。唐吉诃德正是将辅助商品定位为主力商品。

⑥POP 洪水

负责担任趣味角色的另一个唐吉诃德的特产就是 POP。色彩斑斓的 POP 简直就像洪水一般，从店内的各个角落都能看到。而且这大部分都是出自手绘。

这之中甚至还有一些让人忍俊不禁的"越卖越亏""亏本买卖内部员工不得采购"之类花了不少心思的案例。这些充满了担当者满腔热忱的 POP，也为尾货商品、辅助商品带来了生命的活力。

⑦授权与"主权在现场"

现代零售业的主流"连锁店体系"是一种被唐吉诃德全盘否定的模式。因为这是一种将信息与权限都集中于总部，而力图实现标准化和效率化的店铺经营体系。说得极端一点，其实就是店铺（现场）本身成为自动贩卖机。

不过，在我们公司的做法与之完全相反。我们是以"主权在现场"为经营口号，从采购到定价、卖场的陈列规划全权交给各店的一线员工负责，贯彻的是"个人店铺主义"。各个卖场的担当者都在很大程度上被授予了采购权与自由裁定权。换句话说，每个人都是店铺的主人，将这些店铺汇聚到一起，唐吉诃德就变成了一条商业街。

反过来，总部只需要严格检查每个人的结果，即营业收入和经营数据。如此一来，便能客观地进行业绩考核，并以此来决定奖金与晋升或降职。顺便说一下，我们公司从一开始到现在奉行的都是每半年一次薪酬评定的"半/年薪制"。

⑧对待变化的适应能力与"顾客至上主义"

正是因为主权在于现场，唐吉诃德才会具备灵活且随机应变的能力。在我看来，这是唐吉诃德最大的优势，同时是整个零售行业的核心。

在唐吉诃德的工作中，不存在任何"工作手册"。如果提供工作手册，虽然短时间内可以提高业务效率，但也可能因为对工作手册过分依赖，而变为形式上的"作业"，最终不再引导出创造性的"工作"。如此一来，员工将不再可能敏锐地读懂顾客们善变的心思，更不可能迅速对其做出反应。

另一个行业核心则是"顾客至上主义"。这一条被我们公司视为凌驾于企业理念之上、更为重要的企业原则。

常有人说"零售行业是一门顺应变化的行业"。其实"顾客第一主义"也是一样。然而，又有多少企业能够真正落实和执行这些原则呢？但我一直执着地闷头坚守着。

⑨顾客亲和力

比如，如果目标客户群是年轻人，就要以年轻人为主体来营销，否则商品就会卖不掉。如果是会让年轻人认为"这也太老土了吧"的产品，自然是不可能卖给年轻人的。反之，如果以老年人为目标，就必须让能理解老年人心情的员工来负责卖场安排。

原则上，在唐吉诃德的各大卖场里，都会优先安排极具顾客亲和力的员工来负责卖场规划。至少年轻顾客的心情，只有年轻的员工才可能捕捉到。"唐吉诃德的MD（商品政策）常因为太过新奇而让我难以自拔"，能够获得这样的评价也是得益于顾客亲和力的缘故。

⑩卖的不是物品而是"流通"

连锁商店往往缺少原始的购物乐趣、感动、意外感以及惊喜感。唐吉诃德站在连锁商店的对立面，却能向客户提供商店所缺少的这些东西。

换句话说，唐吉诃德卖的不是物品而是"流通"本身。这里的流通是指存在于生产与销售之间的，为了使其变得更加顺畅的一系列附加价值。具体而言，就是唐吉诃德独有的采购进货、商品阵容、展示手法、营销手法、价格、各类促销活动、店铺的经营、商品责任者的想法等。这样的"流通"行为给商品注入了新的生机，换来了在其他店铺无法收获的购物体验，也就是向顾客们提供一种时间消费。这也正是唐吉诃德最大的魅力、武器，以及让其他竞争对手从本质上难以跨越的壁垒。

命中注定的祸不单行

前面提到的十个"奇迹因素"在之后的日子里都因为各种随机应变而发生了变化，然而其根本的部分（概念）一直保留到了今天。大概在未来的日子里也不会发生变化。

我已经迎来了五十岁这个人生的节骨眼儿了，虽然外表没怎么表现出来，但内心早已春风得意了。

正如文章里所写的那样，在没有任何人的帮助下，我一个人白手起家，开创出流通界的革命，而且在短短二十多年里实现了 1000 亿日元的年收入并让企业成为上市企业。

唐吉诃德不是在当时竞相追捧的以 IT 产业为代表的新事业领域，而是在零售业这种传统的产业领域中稳固住了成功的地位。现如今已不是轻易就能被撼动得了的。

学生时代，我曾因为那股强烈的屈辱与自卑感而想"要独立创业成为巨型企业的经营管理者给你瞧瞧"，如今我也算将这份决心变为了现实。一个人沉浸于充实的达成感中,真的是"内心满怀无限得意"。

然而,没过多久,我就被残酷的现实再度泼了凉水,遭遇了祸不单行的窘境。

或者应该说,是我和唐吉诃德即将面临真正的苦难与苦战。

第 3 章

祸兮福所倚，福兮祸所伏

突如其来的居民反对运动

这次"事件"是于1999年夏天,在没有任何征兆的前提下突然爆发的。

于同年6月开业的五日市街道小金井公园店(东京西东京市),接到了来自附近居民提交的"深夜11点关店"的申请函。理由据说是"夜间有噪声困扰"。

唐吉诃德正是得益于夜间顾客的支持才有的今天。该店与唐吉诃德旗下的其他店铺一样,都是营业到深夜3点。为了那些夜间才能光顾的客户,我们也无法深夜11点就关店。然而,为了保持和社区的共生关系,作为零售业者需要诚挚地听取周围居民的意见与意愿。

于是,我们立刻寻求出切合实际的措施。向居民们提出了具体的改善方案,例如为饱受噪声困扰的临近居民区安装双层纱窗、空气净化器。若出现乱扔垃圾问题,采取巡逻管理、加强路面清洁等措施。

不过,这些方案都被一一驳回,事态反而朝着意料之外的方向发展。

也许是我们一开始想得过于简单了。若能更有诚意地去对待,说不定就能解决。之所以这么说,是因为根据当时的大店法（大规模零售店铺法），该店面的夜间营业并不存在违反法律的问题。

当然，企业都是按照法规经营的。大店法中关于卖场面积不足1000平方米的店铺营业时间，原则上是没有规定的，对1000平方米以上的店铺才有规定。因此，该店才会为了实现夜间经营而有意牺牲掉卖场面积（973平方米）。夜间噪声这类环境问题一开始就跟大店法没有任何关系。

然而，这个问题最终不知何故被提交至大店法的审议机构大店审（大规模零售店铺审议会）。而大店审在大店法中的立场自然是以保护小规模的零售店铺的立场来修订店铺开业的各项法规的，并非关注环境问题的审议组织。需要再次强调的是，该店铺从一开始就没有违反大店法的任何规定。如此这般出乎意料的走向，当时的我们别提有多么困惑不解了。

并且，大店审的审议委员主要是以有识之士、当地工商业者、当地居民为代表。因为当地工商业者和当地居民都表示"反对"，所以由三人组成的审判官中有两人的主张同原告一致。他们按照居民的请求，做出了"11点关店"的判决。

这份审判内容甚至是"非公开"的。我们公司虽然作为当事人，却连会议记录都无法得知。仅是单方面的被判决，完全不了解到底有哪些问题、又是如何进行的交流。

这就跟那些没有判决理由只做判决决议的秘密审议，甚至可以说是黑暗审议一样。如此不合理的操作，简直让我目瞪口呆、瞠目结舌。

而且这样的决定毫无法律依据，也不具备任何约束力。但唐吉诃德选择了主动遵守。在这之后小金井公园店的营业时间仍然是上午10点至夜间11点，在所有店铺中都是最短的[①]。

唐吉诃德虽然对于顾客们都考虑得十分周到，但对于周边居民考虑得还不够充分……我自己这样谦虚地反省过。这是因为在当时的情况下，我决定努力克制住自己，不想把事情闹得太大。

创业以来的首次经营危机

不料，事与愿违的是，这样的决策最终引发了其他店铺的事件爆发。东八三鹰店（1999年5月开业）等其他店铺也爆发了居民反对运动，甚至还发生过对即将开业的店铺发起的反对运动。

煽动整个事件往可笑的方向发展下去的正是媒体。当时因为对唐吉诃德的过分关注，效果适得其反。

---

① "唐吉诃德五日市街道小金井公园店"于2015年4月更名为"Doit Pro 小金井公园店"，营业时间从清晨6点半至夜间8点（仅周日为上午9点至夜间8点）。

"夜间经营的快速发展企业，对抗当地居民"这样的新闻成了绝佳的信息咨询类节目题材，以"向趋利的企业发起挑战的居民"这种非客观的观点进行报道。越是想去反驳，越是会被媒体记者咬住不放，反而显现出一个更加可恶的唐吉诃德形象。简直就像是爬不出洞穴的蚂蚁，毫无办法。

即使员工们接受电视台的采访，关于改善措施的详细说明也会被大部分切掉，最终播放的仍然是经过加工与编辑后的结论"唐吉诃德=恶霸"。几乎全都是关于居民抵制开店、唐吉诃德的顾客都认为员工失去理智的同类报道。

更过分的是那些网络中的诽谤中伤、恣意谩骂和流言蜚语。不觉间甚至产生了要击垮唐吉诃德的专用网页。现在社会上已有专攻网络信息的危机管理公司了，可当时还没有这样的防御手段。唐吉诃德简直就像个沙袋，任人攻击。谣言催生谣言，在网络空间被无限放大且逐渐妖魔化，随后引发了各种异样的连锁反应。没想到人一旦匿名后，真是什么样的负面情绪都会释放。我不禁因为这些网民的怒气而有些发怵。

可是，对方有着居民这道"绝对是善人"的护身符，所以没法去反击。什么都不能做，只有无尽的急躁。

不可思议的是，被称为"居民"的一些人总会大量涌入各个店铺内大声喧哗，而且出现在每家店铺的"居民"几乎都是同一批人。之后我才了解到，这些人其实是属于某个政治团体的市民运动者。而且,每当这些"居民"在现场进行抗议时,都会恰到好处地出现媒体人士。

那段时间我每天都会愤慨不已,却又停摆于后悔与不安之中,久久不能入眠。

这样的运动发展下去,我们公司即将失去夜间市场这块肥沃的土壤。无法开展夜间营业的唐吉诃德,就会跟失去了翅膀的鸟类没什么区别。于是,我们公司出现了自创业以来的首次经营危机。

正面对待环境问题

即便如此,考虑到"现在是需要防守的时候",我便横下心来忍受媒体的攻击。与此同时克制住自己,谦虚又冷静地梳理了所发生的问题。

于是,除了我自己身上的不成熟之处,唐吉诃德需要反省的地方、很明显的战略失误等等都清晰地浮现出来。我们公司一味在考虑(上门光顾的)客户的需求,从未顾及在这条延长线上社区居民的立场。而且也确实小看甚至可以说是轻视了市民运动者这个群体。至少,他们是为了实现一个更加美好的社会而进行演讲、说服的专业人士,企业不应该去无视他们巨大的影响力,而需要真诚地聆听他们的主张。这种姿态是当时的我们所欠缺的。

经过这番猛然醒悟，我才真正开始认真对待起环境问题，切实地执行起改善措施。也意识到在这样的关头，正需要我们去发起积极的正面进攻。

比如，将盈利中的5%拿出来作为应对环境问题的专项预算，用以大幅度地改善店铺周边的清洁、保安巡逻管理、车辆调度等。

"深夜协助员（Midnighthelper）"服务也是其中一项改善措施。这项服务旨在针对周边居民在深夜急需灯泡、电池，以及包扎绷带、温度计等各类医疗用品时，所提供的三十分钟之内免费将商品送货到家的服务。这是一项只需打个电话，店内员工便会携带必需商品送货到家的区域性服务。

这一系列的应对环境问题的成本已经远远超过5%的预设值，但在那之后也仍然作为我们公司优先度极高的必要经费被计入每期的预算当中。

特别值得一提的是，2000年5月开业的环七方南町店（东京都杉并区），因致力于彻底应对环境问题而被称为环境应对模范店铺。该店为了避免汽车噪声的外泄，未考虑预算，在店铺设施内专门设置了可容纳250辆汽车的停车场。这让卖场面积达到了每7.2平方米可匹配一辆车的比例，远远超过了法律（大店选址法要求每33平方米匹配一辆车）规定的配备率要求。

此外，还在所占地皮内，特意设置出口袋公园等公共空间，并通过缩小建筑物占地面积的方式，将店铺面前狭窄的公共通道变得更加容易通行，相当于为杉并区赠送出约 400 平方米的土地。

这种与环境共生的设施改造经验，也被大力运用到了之后的新店开发中。

塞翁失马，焉知非福

现在想来，当时我们公司因为快速发展，不仅产生了不太好的影响，还催生了某种自大傲慢的心态。因此，这次"环境问题"的外部冲击，反而成为修正公司内部有所懈怠的不良因素的一大契机。也许，这正是所谓的"塞翁失马，焉知非福"吧。

自 2000 年 6 月起，原来的大店法被大店选址法（大规模零售店铺选址法）替代而正式实施。这也在极大程度上促成了日后唐吉诃德的顺利发展。以环境保护为宗旨的该项法律不再让社区环境问题只是"关门审议"，而是由官方机构进行公开审理和审判。

比如前面提到过的环七方南町店，在其筹备期间因为需要遵照旧大店法的规定，曾一度进展十分困难。即便已经按照法规要求落实了店铺的准备，并依据旧大店法而举办当地说明会等，但仍然遭到强烈的反对。不过，在实施了大店选址法之后，就完全没有再发生过类似的问题（也无法再发生），我们公司的新店开业完全没有任何问题，所以才会得到顺利进行。

值得强调的是，主张"环境保护"的大店选址法反而成为我们公司解决环境问题的尚方宝剑。对于那些一直在推动极端反对运动的市民运动者以及媒体们来说，将其比喻为一种冷嘲热讽再好不过。

当然我们公司自身也还有很多值得反省的地方。不论做了多么充分的环境应对措施，也不代表值得称赞。如果不能站在别人的角度去考虑问题并采取行动，一切只会化为泡影。

结果是，"居民和社会如何看待"才能说明一切问题。对于经营者而言，从居民反对运动这一点上，我可谓痛定思痛地领悟到了应该如何去应对社会问题，或者说明白了什么才是绝对不能做的。

即便这样，那场居民反对运动又是为了什么呢？在那之后不过短短的 15 年时间，仍然有种恍如隔世的感觉。当时反对的居民们，之后又是如何看待唐吉诃德的成长与现在的姿态的呢？

值得一提的是，拿 2011 年 4 月开业的岐阜柳柳濑店为例，之后的唐吉诃德反而发生了越来越多这样的案例：原先那些反对开店的先锋角色，诸如当地商业街等相关方，反而提出了要承包开店的请求。时代真是变化万千。

IT 泡沫破裂之后的反击

就在居民反对运动告一段落之后,我便开始进行反击。

当时(2000 年年初)恰逢 IT 泡沫破裂,日本正陷于经济不景气和进一步通货紧缩的困境,宏观经济环境在当时可以说已经到了最危险的时候。

但对于一直都靠反转获得成长的唐吉诃德而言,这是一次千载难逢的机遇。在我看来也唯有在此时,唐吉诃德才能大量收购更好的商品、不动产以及人力资源。

果然不出所料。泡沫越是加剧破裂,越容易获得尾货商品的采购渠道。店铺开发方面的竞争也缓和下来,更容易获得中意的不动产。因此,正如后面也会详细描述的那样,在全国范围内的业务拓展难度降低了不少。

我的必杀技通常是持续关注经济泡沫期,一旦泡沫破灭,便会集中进行地皮和不动产的买入,发起一系列痛快的攻击。如前面所写到的,在 80 年代后半期至 90 年代初期的泡沫经济期,因为我看清了形势,所以在泡沫破裂时立即出手。不论是在 IT 泡沫破裂时,还是 2008 年的雷曼冲击后的泡沫破灭期,我都是这么做的。

人才的吸收也是一样。唐吉诃德于20世纪90年代后期开始招聘应届生，但真正加强应届生招聘工作的时间是在2000年，即正面临"就业冰河期"的那段时间。因为是冰河期，才更有可能网罗到当时的唐吉诃德无法招聘到的优秀人才。在那段时间入职的大部分应届毕业生，现在都成为我们公司的重要干部或执行董事。在公司内部甚至还有"花样般的2000届入职组"这样的称呼。

名副其实的全国出道

2000年时公布了名为"2×4（二乘四）"的新中期经营计划。即在2004年6月的期末时（财年是在6月份结束，每到6月就是一个期末），实现营业收入2000亿日元、经常性净利润200亿日元、ROE（净资产收益率）达到20%、每年新开店铺数量达到20家以上。

当时还被吐槽过于虚张声势，但结果这份宣言中的目标几乎得到了兑现。2004年6月的期末实绩为营业收入1928亿日元、经常性净利润126亿日元、ROE为18.5%、新开店铺数量24家，可以说"2×4"计划基本得到了实现。

然而在这份数字宣言背后存在负面因素。数字本身容易转化为过于目的性的、没必要的压力或义务之感。因此，在那之后我便极力避免公开明示任何具体的数字目标。

我们公司为了实现"2×4"计划，不断推出新的业务形态武器。其中第一弹就是2001年6月在横滨市伊势左木町所推出的名为"Small 唐吉诃德"的小型折扣店"毕加索"一号店。这是一种卖场面积在300~500平方米的针对小型商圈的业务形态。

而且在2002年4月，我们公司第一次参与了城市开发，在川崎市内开了"PAW 川崎"购物中心。这里以唐吉诃德为核心，是日本首例二十四小时营业型"夜间商城"。

另一方面，一直将首都圈视为主要战场的唐吉诃德，自2001年12月在九州、福冈市等外地首次开店之后，2002年分别在北海道、关西（兵库、大阪）等地开店，开启了全国拓展之路。但是从首都圈→关东一带→东北→中部……所采用的并非这种循序渐进模式，而是一开始就迅速从外地开店。这样做是因为考虑到唐吉诃德一旦进驻外地市场，就应该能在短期内毫不费力地争霸全国。并于2003年拓展至京都（京都市）、栃木（宇都宫市）、爱知（名古屋市）、群马（高崎市）、山梨（石和町）和茨城（土浦市），同年年末店铺的总数量累计达到81家。

这样，唐吉诃德总算名副其实地实现了全国出道。

与厚劳省抗争医疗用品销售事宜

唐吉诃德因为自身独特优势一路急速成长，但越是备受瞩目就越是备受打压。无论做得好与坏，常常会被报道得格外可笑。

有时还会将一些意想不到的火苗引上身来。如果是一番不讲理的误解或恶意，作为企业肯定是要反驳的。然而在践行"顾客至上主义"的过程中，也会遇到一些莫名其妙的"叫停"情况。在这种情况下，只要自己在理，不管对方是谁都一定要讨个公道。

唐吉诃德自2003年8月起，开启了"医药品视频购物"服务。启动这项服务的原因是唐吉诃德在夜间营业时所察觉的需求，即因为急需医药品，而半夜上门来的顾客络绎不绝。如今根据药事修订法（2006年修订，2009年实施），对于部分医药品可以无须咨询药剂师，就能直接通过便利店等渠道购买，当时的要求却是，所有医药品的销售都要药剂师在场才行。

唐吉诃德当时也在销售医药品，却难以招聘到能接受夜间上班的药剂师。到了夜里，医药品区会被遮盖甚至锁起来，即便药物就在眼前，因为药剂师不在，也无法提供给被急病所困扰的顾客们。

可是，如果放任这种事态发展下去，恐怕会影响到"顾客至上主义"的口碑了。一味顺应现有规则，唐吉诃德将会名誉扫地。然而也不能就此做出违法的行为。

为了考虑出一个万全之策，公司内部经过一番讨论，最终想出了"在店铺内安装视频电话，由常驻总部中心的药剂师进行咨询应对"的主意。这便是我们公司独特的服务："夜间药品咨询中心"。

厚劳省当时认可大众药品的"目录销售"（日本称其为"邮政贩卖"。是消费者通过查阅"目录购物商场"定期发行的购物目录，拨打"商场"话务中心的电话订购，再由专业快递公司提供快捷优质的送货上门服务，然后付款的购物方式）形式。于是我联想到，如果确认目录申请单方式行得通，把它改成视频电话的方式也许同样可行。如果视频电话可以实时向顾客提供咨询服务，那在安全性方面肯定要好过目录销售才对。因为想不出这样会有什么违法隐患，所以便开始正式销售。

然而，立刻就因为"存在违法的隐患"而被厚劳省叫停了。并不是"属于违法行为"而是"存在违法的隐患"。真不愧是官方一贯的声明方式，就算这般威胁我也不可能低声下气地改变自己。

于是，我们公司对厚劳省发起了质问："既然认可目录销售，为何不能认可视频电话销售呢？"结果对方做出了嗤之以鼻又含糊不清的冷淡答复："视频电话只能看作店铺销售的一种衍生形式，如果店铺内没有药剂师在场就销售医药品，会存在违反药事法的隐患。"看样子这么下去是不大可能积极地讨论问题本身了。

那段时期，在各个销售医药品的实体店中，能够确保营业时有药剂师在场的，实际上只有三分之二。药事法正式启动是在1960年，那时候自然还没有视频电话的存在。总之，厚劳省似乎不具备灵活的思维，不会根据社会现状与时代变化来做出适当的法律调整。

事实上，无论当时还是现在，唐吉诃德营业收入中医药品所占的份额都不过是整体的1%。为了这区区1%而得罪官方机构，实在太不划算。

可我偏偏不愿妥协，断然要跟厚劳省抗争到底。

对那些深夜里为了给发烧的孩子求购药品，而慌不择路跑到店里来的母亲，无论如何都无法置之不理。在这一点上我们肯定是在理的。

即便如此，厚劳省仍然表示"无法认可"。

灵活应对的东京都知事，死脑筋的厚劳大臣

我又想出了一计。既然这样，那就不再"销售"医药品，而是为那些深夜受到困扰的顾客最低限度地"免费提供"所需要的药品就行了。在药事法规定中，只是采用了"销售"和"授予"的字样。而在我看来免费提供也不属于"授予"的范畴。

可就算这样,厚劳省还是要掺和进来,认为"存在违法的嫌疑"。依旧认定我们不是"违法"而是"存在违法的嫌疑"。这让我实在忍无可忍、怒不可遏。

在飞机上,为那些感到不适的乘客提供药品的空乘人员,也并不具备药剂师执照。酒店前台、JR 的站台员工、旅行中的随行人员也一样没有相关执照。这些情况都能许可,为何在医院以及所有药房都已关门的深夜,对于那些需要紧急用药的顾客,通过视频电话,根据药剂师的指导来提供医药品的行为,却被认为存在违法性呢。

因为对厚劳省这毫无道理又前后矛盾的做法感到难以置信,卖场一线的员工们甚至开起了玩笑:"那这样,是不是应该把唐吉诃德卖场里出售的用于 COSPLAY 的空姐制服穿上,然后免费向客人提供就没问题了?"这件事也被媒体大规模报道,但与居民反对运动的态度相反,更多的是对唐吉诃德心怀善意的报道。

尤其是,石原慎太郎(时任东京都知事)还成为站在我们这一方的有力支持者。在 2003 年 9 月的官方例行记者会上,他还提及这个问题,表达了"非常赞成、值得奖励"的意见。大部分舆论也因此开始向"支持唐吉诃德"的方向倾斜。

在这之中,当时的 S 厚生劳动大臣甚至还发表了令人难以置信的言论:"像这种推动唐吉诃德宣传效果的话,就不要再提了。"

如此欺负唐吉诃德还不够，现在还要说我们是沽名钓誉的行为。我不禁消极地感叹，原来我国大臣就是以这样的理解水平来处理国政的。

"该出手时就出手""绝对要赢"

在那之后，不知是不是迫于那些支持唐吉诃德的社会舆论压力，厚劳省终于在2003年10月针对视频电话销售医药品一事，决定举办"有识人士沟通会"。而在同年12月，有识人士会议最终同意了"仅限夜间、清晨才允许通过视频电话形式销售医药品"。

接受了该会议报告的厚劳省于2004年4月分别对《药事法实施规定》和《药房及普通经营行业中药剂师所需人数的监管省令》进行了修订，虽然增加了各项限制条款，但使用视频电话进行医药品销售的行为，总算具备了法律依据。

唐吉诃德借此机会，于同年5月再次启动了视频电话医药品销售服务。

在与厚劳省长达8个月的抗争中，唐吉诃德最终取得了胜利。在那之后，这个问题也因为抛砖引玉的效果，促使药事法进行了修订，对于部分医药品类别，可以在药剂师不在场之际进行销售。

虽然唐吉诃德取得了胜利,但与官方进行较量实在是让人累得精疲力竭。毕竟这需要非常强大的意志与精力。现在我说句真心话,我是不会再尝试第二次的。如果只是一味地出击,只会迎来四面的反击。官方的那些对于改革和特例所持有的强烈排斥态度,以及狡猾的花招诡计都不是可轻易攻破的。若没有这种觉悟,是绝不可能战胜中央省厅的。

我还重新认识到:我们国家这些官僚为了维护自己的面子和官方的利益,宁可拿着这些道貌岸然的法律法规去掐掉民生中的新萌芽,夺去民间的活力源泉。结果,这种官僚至上的体制到现在也没有任何改变。这样的话,日本的国力只会不断萧条下去。

正因为如此,在我看来,向管辖官厅发起抗议,也是当今民营企业的责任之一。只要自己在理,就绝对不要有任何畏惧。唯有这样,我们国家才有可能实现真正为人民考虑的良性行政管理。

这样的话说得虽然有些居高临下,但这也是通过本次事件,我自己所获得的信念。那就是"该出手时就出手",而且"绝对要赢"。

时隔26年的"拒绝责令停止通知函"

医药品销售问题告一段落的2004年，反而是一发不可收拾的多灾多难之年。针对唐吉诃德店铺的氰酸钾投放威胁事件（1月，犯人已逮捕）、对我们公司涉嫌操纵除虫公司CATS股票价格的错误报道（2月）、与报道了"不聘用大学生"清单的周刊杂志Friday的纠纷（6月）等等，碍于篇幅就不再具体展开了。

我还未回过神来，紧接着又发生了以下事件。而这次的对手竟然是公正交易委员会（以下简称公交委）。

2004年11月5日，公交委以"突击检查"为由，在无任何预先通知的情况下，率领70多名人员声势浩大地闯入我们公司。据说是因为唐吉诃德针对其交易对象，即供应商提出了赞助金及员工派遣的要求，存在"滥用优势地位"的嫌疑。次年2005年3月9日，我们公司因为违反垄断禁止法（不公正交易法）收到了责令停止的通知函。

不过，我们公司向公正交易委员会发出了"不接受"的通知。拒绝接受如此威严的机构所发出的通知，据说这是自1979年的"三越事件"之后，约26年以来的首个案例。

为何我们公司敢在这个关头，如此独树一帜地拒绝通知函呢？

被公交委视为问题源头的"赞助金",不过是在新店开业等时期,为了让供应商也承担一部分的促销经费。"员工派遣"则是为了在店铺存货盘点或货架调整时,向供应商请求一定的劳力支援。这两点都是当时行业内的惯例罢了。如果我们公司在交易过程中,凭借自身所处的强大优势背景而压迫供应商,甚至以中断生意往来为由,威胁对方必须这么做的话,那才应该被视为"滥用优越地位"而违反了垄断禁止法。

可是,我们公司从一开始,就与所有的长期合作方签订了"长期合作协议",并将这些支援请求白纸黑字地写入了协议当中。实际的合作往来也都是在签订协议之后才开始启动的。

换句话说,这是经过双方认可过的协议,所以根本不可能发生事后所谓的"中止合作"等威胁行为,或"滥用优越地位"等问题。这正是我们公司所考虑的。

公交委却指出:"长期合作协议中的'劳务提供'当中并不能看出包含了盘点、货架调整等作业要求,如果没有具体写明情况,就无法视为真正达成了双方的认可",仍然坚持有违"滥用优越地位"这一条款。

我们公司与公交委各执己见,意见无法统一。

事实上,大多数的合作企业都对与我们公司签订的"长期合作协议"表示满意,也因此一直同我们维系着良好的合作关系。此外,我们公司会时常重新审视合作方,以求企业制度实现良好的新陈代谢。不去固定合作对象，而是寻找拥有更具魅力商品的合作对象，这是在自由竞争经济体制下，反复斟酌和钻研后的经营方针。

在这样的过程中，会存在一些对我们公司抱着不满的少数合作企业，这也是无何奈何之事。这些不满的成员跑去公交委哭诉埋怨，甚至促成对我们公司的突击检查、责令停止通知。这种情况下，我们公司应该更重视哪一方的立场再明显不过。唐吉诃德当然总是最重视顾客的利益。

这样的经营理念明明是在谨遵经济合理性的原理，却也要被张冠李戴地视为"滥用优越地位"，恐怕是在否定自由经济本身了。

在那之后的约两年时间里，我们公司与公交委一直在审判法庭上争执不下。最终我们还是接受了责令停止通知，于2007年6月同意了判决结果。这是因为，如果继续在法庭争斗下去，我认为那将成为一场会失去顾客的毫无意义的争斗。

发生连续纵火事件

2004年12月，唐吉诃德被牵连到了此生无法忘记的事件中，那就是连续纵火事件。对于大部分读者来说应该还记忆犹新吧。因为这件事，我们公司的股票价格连续多日暴跌，处于超过居民反对运动的、关系企业存亡的一大危机时刻。

12月13日在浦和花月店（埼玉县埼玉市）、大宫大和田店（同市遭遇了纵火袭击），15日大宫大和田店第二次遭遇了纵火分子的恶意袭击。在该市，包含其他综合超市所发生的纵火案例（共四起）在内，一共发生了7起（含未遂）纵火事件。均是同一名犯人（已逮捕，已判无期徒刑）所为。

一连发生了两次纵火的大宫大和田店，多亏员工第一时间发现后尽快灭火，没有造成过大的损失，然而浦和花月店全部烧毁，我们公司有三名员工在此事件中不幸遇难。

每一位身故的员工都是在将顾客们引导至避难所之后，为了确认安全又重返店内时才不幸丧命的。他们分别是大岛守雄氏（享年39岁）、小石舞氏（享年20岁）、关口舞子氏（享年19岁）。

对于经营者而言，再没有比失去年轻有为的员工更为悲哀的事情了。尤其是对像我这样，在卖场一线白手起家的人来说，对待年轻的员工们就像对待我自己的儿女一般。

这么说虽然对遇难者家属多有冒犯，但还望原谅我这样的表达。这三个年轻人就这么好端端地被夺走了性命，我心中的悔恨与愤怒已经无法用言语表达，直到现在心中的遗憾都无法消逝。究竟为何要如此残酷地夺走这些前途一片光明的年轻人的性命呢？

在那猛烈的火焰与黑烟滚滚的极端混乱情形下，竟没有一个人选择逃走，而是冷静沉着地在火灾现场行动着：为了确保所有顾客的安全而将其引导至避难场所。对浦和花月店的那些员工，我从内心里感到骄傲。

然而，从结果来说，在确保员工自身的避难及安全隐患方面，企业确实没有考虑周到，所有责任应该由我这个经营者承担。无论是怎样的指责、批评，我都甘心承受。

不管怎么说，这三名员工是为了顾客安全第一，贯彻了"顾客至上主义"而牺牲的，毋庸置疑是"殉职"。为了不让这次事件被人永久遗忘，要避免类似痛心事件再次发生，才算是最低程度地安慰了殉职者的亡灵。

在我们公司的董事会议室里，一直展示着这三名员工的遗物，到现在我也会不时地双手合十悼念他们。

歪曲事实的报道

新闻、杂志、电视等各类媒体，对于连续纵火事件的报道，也是相当荒唐。毕竟是大事件，自然有必要进行报道，然而因为毫无事实依据地错误报道、恶意分析，让唐吉诃德遭到了大量的攻击。不知是不是因为居民反对运动的后遗症影响，我甚至还看到了诸如"无德企业惨遭天罚"的论调。

然而，希望大众能够冷静下来好好思考一下。这一系列的火灾都是极端非人道的纵火分子所为，大众应该憎恶的是犯人本人。包括牺牲生命的三名员工在内，唐吉诃德才是这次事件最大的受害者和牺牲者。就算是这样，大众也几乎看不到对于事件的本质——纵火犯罪的恶劣性质、对可憎的犯人的追究，以及导致犯罪发生的背景和契机的相关报道。反而到处是对于"唐吉诃德=恶"的报道。

不仅如此，部分报道还有意将密集陈列、迷路型布局视为业务过失的失火缘由。比如，"密林陈列，烟雾中的迷路《读卖新闻》12月14日晚报)" "密集陈列，火灾扩大的声音《产经新闻》12月15日早报)" 这些报道。

再比如，《朝日新闻》12月14日晚报中就描写了："唐吉诃德以在容易迷路的狭窄通道中不断向上堆放商品，作为一种经营特色，然而这样的陈列方式在遭遇火灾时，存在引导火势急速蔓延的危险。"

还不止这些。在当年的12月26日，环八世田谷店（东京都世田谷区）再次遭遇了纵火犯的袭击。所幸的是，顾客和员工们都毫发无伤地转移至了避难处，二楼的部分店面却全部被烧毁了。警方怀疑是对浦和花月店、大宫大和田店纵火的同一嫌疑犯所为（事件尚未解决）。结果，包括未遂案例在内，我们公司的店铺遭遇的纵火事件已经超过10起。可是，其他大型零售连锁店等也频繁遭遇了纵火事件。

既然这样,为什么偏偏揪着唐吉诃德不放呢?也许这只是我的被害妄想吧,但我也认为,其中有一部分原因是各大媒体对部分歪曲事实的过度报道。如果当初没有将我们公司作为众矢之进行报道,就不大可能产生"唐吉诃德容易起火、引得媒体争先恐后地大幅度报道"这种愚蠢又恶意的连锁反应了。

我一直都厌恶媒体行业,因为这次事件更加厌恶媒体了,所以,在这之后我拒绝了所有媒体的采访。

并不是密集陈列的罪过

很多媒体都认为,密集陈列和迷路型布局是火灾发生时的障碍因素,因而大肆抨击唐吉诃德。可是,如果真是如此,在浦和花月店那样汹涌的火势下,顾客当中应该会出现一些遇难者。

然而实际上,这些顾客都在员工的引导下,从事发之初就从员工通道顺利逃出。反而是熟悉店内情况的员工,在避难引导完成后再次返回时,才不幸身故。

就拿这一点来说,各个媒体对唐吉诃德的抨击理论存在漏洞。

很明显,密集陈列与通道特点都不是避难的障碍因素。

值得一提的是，浦和花月店的火灾发生时间是在 12 月 13 日的 20：17 分。员工发现火情的时间是在 20：18 分，向消防局发出通知的时间是在 20：19 分。在刚开始的灭火行动中，有四名男性员工参与其中。每个人都拿起灭火器，按照消防手册从四面围住进行灭火，然而因为火势太大，店内充斥着黑烟，所以不得不放弃了救火行动，而是专注于引导顾客进行避难。

纵火的地点在床上用品区。第一时间发现的员工反馈：从毛毯商品那里，一下子燃起了与人身等高的火焰。想必是纵火者采用了可燃性和引火能力都超强的燃料（之后经调查判定为煤油）。因为像毛毯这种材质，是没有可能瞬间燃烧到那种程度的。

当然，我们公司也会经常对店铺内可能发生的火灾情况进行假设，考虑相应的措施。该店在事件发生前的一个月——11 月时，刚刚进行过消防演习。

却未曾料到，会发生如此恶劣凶残的纵火事件。不仅是我们公司，就算其他零售同业者，也无法想象吧。至少，这已经不是应该讨论密集陈列是好是坏的时候了。

第一次流下的眼泪

平时的我在面对不公平的指责与非难时，都会正面迎战，与之针锋相对。只要道理站在我这边，就没有什么好怕的。越是备受责备和攻击，肾上腺素越会加速分泌，无论对手是谁，我都不会怯场。

可是突然间，在三名员工被夺去生命的状况下，对于媒体和社会舆论的各种无端诽谤与中伤，我都茫然若失、不想辩驳，当初的我剩下的只有失魂落魄。

在事件发生的第二天，也就是14日的电视直播记者见面会上，我很荒唐地在全国人民面前，露出了自懂事以来，从未让人见到过的难看的哭泣面容。

对于遇难的员工，我从心里感到抱歉，这样的情绪表露无遗，因而无法抑制住不断流下的泪水。按照我的性格与美学价值观，自然是无法忍受在人前落泪这种行为的。但觉得在媒体和社会舆论前露出哭泣的神情，我才心里痛快。现在回过头来再看当时的情形，也许最先起作用的，是想要拯救唐吉诃德危机的那种心情，如同护犊子的母亲一般，所以我什么都做得出来。

来自遇难者家属们的支持

然而，为了在背后支持唐吉诃德的这么多顾客，以及剩下的员工，我也不能一直这样意志消沉下去。当我烦恼于究竟要如何做、应该做些什么的时候，发生了这样一件事：

当我去拜访殉职的大岛守雄氏的唯一直系亲属——他的妹妹时，原本是我向她表示吊唁慰问的，没想到她对我说了这番话：

"社长大人，请不要消沉，一定要加油振作起来。有错的应该是纵火犯啊。如果唐吉诃德因此而落寞，那我哥哥岂不就白死了吗？"

她的这番出人意料的话语，一下击中了我的内心深处。遇难者家属们给予了我支持与力量。

于是，在他的遗像面前，我暗暗发誓一定要重新战斗起来。这也不是为了去针对媒体及社会舆论的误解和偏见，而是因为唐吉诃德真正得到了社会的支持，所以要做出相应的社会贡献。我发誓要通过日复一日的业务质量与现场的活动，脚踏实地地迎接挑战。

为了对得起那些无法取代的生命，以及来自遇难者家属的沉沉心意，我们公司不论面临怎样的责难与批判，都会毫无保留地认真接受。并且，要付出真诚的努力以防止类似事件的再次发生，这才应该是唐吉诃德接受新挑战所迈出的第一步……我是这么想的，并发誓要努力成为一个比任何企业都更安全、安心又有趣、令人激动的全球行业先驱。

成为世界第一安全、安心又开心的业务形态

其实，不得不承认，我们公司也确实有着不足之处。之前的店铺曾好几次在消防局的突击检查中，被指出问题并接受过指导。虽然这些问题与纵火事件没有直接关联，但原来的危机管理体制确实过于懈怠，所以难辞其咎。

因为这些认知与反省，在浦和花月店被全面烧毁的第二天，公司内部便成立了防灾对策本部，致力于落实彻底的防灾措施，建立更完善的店铺、卖场、组织体系。不仅完全遵守消防局的指导内容，还确立起更加严格的独家危机管理系统，在预测各种可能存在的隐患同时，要确保顾客以及员工的安全。这套防御体系通过一路摸索并验证至今。

在硬件设施方面，连无须安装自动喷水灭火装置的、建筑面积不足3000平方米的店铺，我们也都一律安装了自动喷水灭火装置。此外，还将特别订制的高敏感火情探测器、超强力灭火器作为标准配置，甚至安排了大量便衣警卫及制服警卫员，在纵火事件之后建立了滴水不漏的防灾体制。说句不太恰当的话，应该没有第二家店能做到现在的唐吉诃德这般的防火程度了。就算再发生纵火事件，目前的配置也能够立刻把火灭掉。

这样的措施需要巨额的开销来支撑。但针对防灾和安全的

所有经费，都被视作需要优先考虑的、最重要的经费，而且不设任何限制。这也是从意外的纵火事件中吸取的教训。

另一方面，还进行了"店内商品陈列的重新布局"。这是指为了在发生火灾时，能将火灾规模控制在最小范围内，并能更便于引导避难而进行的卖场及商品陈列规划。当然，没有要否定密集陈列的意思。而是在继续保持有机的密集陈列的魅力与有趣性的前提下，进一步加强防火、防灾。

唐吉诃德的密集陈列与热带丛林般的卖场营造方式，也被评价为是"在世界流通史上非常值得记下一笔的大发明"。事实上，来自国外的流通视察访问团络绎不绝。这是因为，以密集陈列为代表的独特店铺经营与推销策略，是一种通过销售商品，创造出时间消费的新市场的行业形态。这种形态是独一无二的。

这样的武器不应该去破坏它，而应该考虑如何加强防火、防灾体制，即如何实现"世界第一安全、安心又开心的业务形态"，这才是那次事件之后，花了十年时间积攒到的收获。如今在唐吉诃德的新型店铺中，我深信它们无一不从这份收获中获益。

事件之后营业收入未曾下跌

所幸的是，纵火事件之后，唐吉诃德的营业收入并没有发生太大的下降。连因相继发生纵火事件，而不得不让所有店铺临时停业的2004年12月，店铺的营业收入与上月比，也只减少了4.2%。第二年，也就是2005年1月之后，现有店铺都保持高于前一年，即2004年平均值的水平。纵火事件带来的后遗症，以及媒体所带来的负面活动影响，至少没有牵连到店铺的营业层面。这与当初的居民反对运动如出一辙。

究其原因，一是作为关键顾客人群的年轻人，不容易受到媒体陈词滥调报道的影响；二是不利情况下，所有员工团结一致在现场齐心协力地努力工作。

而最让人欣慰与振奋的是，在不少店铺中都有唐吉诃德的粉丝顾客对收银的女性员工说："加油啊！"——这真是让人不禁潸然泪下的感人画面。靠着顾客们温暖的支持，以及一线员工们的顽强努力和可靠的工作态度，唐吉诃德顺利地战胜好几次危机。毋庸置疑，这些都不是经营者的本事，而是一线员工们的功劳。所以我才会由衷地感恩顾客与我们公司的所有员工。

经过这一系列的苦难，唐吉诃德作为企业吸取了很多经验教训。而这之中最大的收获就是"为了拥有一个更好的社会，企业必须成为一个有所贡献的企业"。换句话说，我们公司的第一经营理念——"无私而正直的买卖"，正是企业实现与社会完美共存的关键词。

在这之前，唐吉诃德都是以"顾客至上主义"为基础，一味地朝着"好评商家"的方向迈进。然而只靠这一点还远远不够，还需要加上"好评企业"才行。即生意兴隆与良心企业要同时兼顾，要改头换面，树立起一家名声与贡献都名副其实的企业形象。

为了接下来的改革，我又开始了一番痛苦的思索。

第 4 章

为了成为有先见之明的企业而发起挑战

人事改革

在纵火事件的冲击尚未得到缓和的 2005 年 1 月 11 日，我们公司将所有干部级的员工，以及 700 多家合作单位邀请到东京都内的一家酒店里，召开了隆重的"新年开工会"。

大会一开始，就对浦和花月店中不幸遇难的三名殉职者进行了默哀仪式，之后我站在讲台上发表了新年宣言："为了防止类似惨案再次发生，我们一定要重新建立起世界第一安全、安心又开心的行业形态。2005 年将是开启新改革的一年。"

改革的第一步，就是前面提到过的：加强防火、防灾体制。

第二步是让经营体制焕然一新。在那之前，唐吉诃德一直是以我为首，下面由七位董事成员平行组成的董事会。而这一年将首次任命副社长和常务董事一职。在这次开工会上，也首次进行了人事决议的公开发表。

实际上，原本在纵火事件之前的 2004 年秋季，我就考虑退位到会长一职，并决定将社长一职交给后继之才。然而因为纵火事件的发生，不得不继续留任社长一职。不过，我们公司仍然决定，要改变为与原先迥然不同的新经营体制。

就任董事局副社长一职的是，第二章介绍过的董事兼第一营业本部负责人成泽润冶。42 岁（当时）的年纪虽然尚年轻，但也是董事成员中入职资历最久、从一号店的府中店开始，一路磨炼至营业部门的核心人物（之后成为唐吉诃德董事长、社长兼COO，于2013年卸任）。

而与成泽几乎同时入职的、在营业部门一直都是竞争对手关系的是大原孝治，董事兼第二营业本部负责人（当时41岁）。他就任了新公司"Donkicom"（之后的REALIT）的社长一职（现任唐吉诃德控股董事长、社长兼CEO）。

两个营业本部统一化

经营体制的改革目的，主要是在营业和组织方面进行大型改革。第二章的时候也提及过，唐吉诃德的第一与第二营业本部是两个完全独立的本部。凭借这种强有力的双向引擎，才促进了企业急速的成长。

两大本部的势力与人员，以及所管辖的店铺都时常处于竞争状态，甚至各自设有专属于自己的间接部门。即各营业本部内，从进货采购到销售，甚至促销，行政与人事这整个流程的各个环节都得到了自我完善。可以说，一个企业内部存在着"两家公司"。

这样的目的，是有意让两个营业本部通过相互之间的竞争，进行切磋和磨炼。

这么做是因为，在唐吉诃德这样的行业形态中，并没有其他竞争对手。像超市或者便利店，同行业中有数不清的竞争对手。唐吉诃德对外却没有这样的对手。

如果没有竞争对手，虽然意味着是自己的强项，但也会转变为自己的短处。Only One 这种行业形态虽然很容易脱颖而出，但也会因此迅速进入成熟期，所以更有可能到达发展的极限。

正是考虑到这样的隐患，我才会故意在公司内部形成这样的竞争关系。为了促成彻底的竞争环境，也有意让其实现了完整的专属组织布局。两大本部在人事方面也完全没有交流，完全像两家公司。

两大本部不仅在具体的工作推动方面，连人事考核的体制方面都完全不同。对他们各自的做法，我从未插过一句嘴，始终保持只问结果的立场。也许这也是一种极端的授权吧。

不过，各营业本部都实现了超过 1000 亿日元的营业收入时，我觉得两大营业本部都已经完成了各自的任务。因为过快的成长会引发组织上的不健全发展、营业本部的规模庞大也让规模不经济（规模不经济是规模经济的对称。因生产规模扩大而导致单位产品成本提高的现象。当生产规模扩大时，开始为规模经济阶段，继而为规模经济不变阶段，如继续扩大生产规模，在超过一定限度后，便会产生种种不利，使同种产品的单位成本比原来生产规模较小时更高，从而形成规模不经济）问题日渐显现。为了彻底处理这些问题，我才会决定将营业本部进行统一管理，这份任务就交代给了副社长成泽去负责落实。

另一方面，作为"新的改革与出发"的第三步，就是成立子公司"Donkicom"。由大原孝治担任董事长兼社长的这家企业，是以手机、互联网、金融、市场营销四个部门组成的新型IT企业。

就任会长与高度成长的十字路口

值得一提的是，这一期（2005年6月）的营业收入突破了2000亿日元大关，实现了2327亿日元的收入（与上一年相比增长了120.7%），店铺数量也首次达到了三位数的107家店。我于同年9月卸任社长一职，改任会长一职。

第二年的2006年6月，与上一年相比营业收入增加了112.0%，时隔十三个财年后再次维持了10%的增长率。这对其他企业来说，应该是相当高的数字了，而我在当时认为唐吉诃德正走到高度成长期的十字路口。

如前面提及的新型业务有小型折扣店"毕加索"（一种仅针对首都东京中心城区的小型店铺）、购物中心"Paw"（是唐吉诃德与Paw Creation株式会社共同开发的以唐吉诃德作为核心店铺的24小时营业型购物商城），这两类都顺利地开启了多家商铺的推广。然而，无论是作为迷你版唐吉诃德的毕加索，还是Paw这样的大型版本（购物商城中的核心店家），都不过是基于唐吉诃德才得以衍生出来的商业模式。

我当时不禁有了这样的想法：不再依赖于唐吉诃德，而要确立出另一个独立的商业模型以打开新的市场，这才应该是担任会长一职的我，需要去面对的最大的经营课题吧……

于是在2006年之后，我便积极果断地为了摸索出新的成长模式，而着手于新事业的开发与企业兼并、收购（M&A）。

想要做"外卖即食"

我们集团持有"Origin东秀"（以下简称Origin）所发行股票的23.62%的份额，这是一家经营外卖便当、外卖家常菜的公司。究其原因，还要追溯到2005年8月，那是从该公司已离世的创业者家属那里获得的。

这也有一定的目的性。因为我希望毕加索能升级成为下一代CVS（便利商店Convenience Store）商业形态。换言之，就是兼具毕加索和便利店的优势，而形成中型CVS的"新毕加索"。两者的区别之处在于种类规模与价格。普通便利店的做法，会在约30坪的卖场以固定价格推出3000多种产品，我们则考虑推出其成倍规模，约为8000~1万种的商品，并且提供平均20%的折扣进行销售。

然而，我们公司并没有便利店的核心商品——便当与家常菜等"外卖即食"的行业经验。

于是，我们将目光投向了 Origin。当时的 Origin 在首都圈内已经发展到 600 多家店铺，受到来自都市年轻人的广泛注目与好评。该便利店也是二十四小时营业型，与毕加索的业务形式十分匹配。如果能与 Origin 合作开发出新业务，应该有可能创造出新的市场需求，这对于双方应该都会有好处。

成为 Origin 大股东的我们公司，主动提出开发下一代 CVS 新业务的合作项目。当时因为便利店的同质化与过度竞争，整个行业已经达到了发展的极限。不过，若是根据我所描绘的下一代商业模式，还是有足够的成长空间的。

然而，Origin 一直不太乐意合作。两家公司的业务负责人虽然前后进行了二十多次的项目沟通会，Origin 所表现出的消极性，导致会议进度好几次被搁浅。最终，只不过是达成了 Origin 在毕加索的两家店铺内，租用摊位的一种虎头蛇尾的妥协。最初所规划的用新的店名，共同开发下一代 CVS 商务模式却迟迟得不到推动，以至于无法看到多店经营的发展可能性。

从 Origin 的立场来看，也许这种合作项目对其是另一种麻烦吧。毕竟对方从来就没有考虑过开发下一代 CVS，而且据了解，他们从一开始就相当抵触与我们公司的合作。

可是，我无论如何都想借助 Origin 的力量，来实现下一代 CVS 的开发。然而仅凭 23% 左右的持股份额，还无法使 Origin 立刻转换立场。于是我决定对 Origin 进行股票的公开收购，以下称为 TOB（TOB 的全称是 takeover bid——要约收购。是指收购人为了取得上市公司的控股权，向所有的股票持有人发出购买该上市公司股份的收购要约，收购该上市公司的股份。在英国被称为 takeover bid，在美国被称为 tender offer）。

股票公开收购遭遇"滑铁卢"

2006 年 1 月 15 日，我们公司正式发表了准备对 Origin 东秀进行股票公开收购的计划。实施期间为 1 月 16 日至 2 月 9 日，收购价格为每股 2800 日元。到此时，包括后续加持的部分在内，我们公司对 Origin 的持股比率达到了 31%。对此，Origin 一方对于这份股票公开收购计划表明了反对意见，以至于结果成为含有敌对性质的股票公开收购。

就在双方纠纷对峙不下时，发生了让我们公司意想不到的事态。零售行业的巨人永旺，作为白衣骑士（white knight——白衣骑士，是企业为了避免被敌意并购而自己寻找的并购企业。企业可以通过白衣骑士策略，引进并购竞争者，使并购企业的并购成本增加）登场了。

2006年1月30日，接受了Origin的请求，永旺宣布将进行友好型股票公开收购。每股收购价格3000日元，要高出我们公司所出价300日元。

我们公司要想成功实行股票公开收购，就必须再次提出高于永旺所出的收购价。如此一来，想必永旺还会再度提价。而我们公司并没有要与永旺玩金钱游戏的打算。

结果，股票公开收购一事只好作罢。

不过，在股票公开收购结束之后，我们仍然可以在股票市场自由买卖Origin的股票。我们公司在股票公开收购结束后的第二天即2月10日，仅3天时间内，就从股票市场中买入了15%左右的Origin股份。再加上之前已经获得的份额，我们公司的持股比率已经达到46%左右，继续增持的话，离51%就不远了，永旺的股票公开收购很有可能就不成立了。

而且，虽然"针对股票公开收购要以同样方式进行对决"是一直以来的行业常识，然而我在咨询过律师并确认到合法性后，下达了在股票市场增持Origin股票的指示。几天后，Origin立刻发出了一份毫无依据的抗议文件，说是我们疑似违反了证券交易法之类的。但我们这么做完全没有任何法律上的漏洞。在股票公开收购结束后，又在其他股票市场中通过交易获得股票的做法，只是还未曾有过先例罢了。此后，永旺的冈田元也社长向我发出了高层会谈的提议，经过两次会谈，我与冈田先生单独坦率地交流了意见。

最终根据会谈结论，我接受了冈田先生的要求，停止了这场纷争，将我们集团所持有的所有 Origin 的股份，都转让给了永旺。我们公司因此获得了共计 60 多亿日元的股票收益，这样的浮末之利也并非我的初衷。

没能收购未尝不是一件好事

结果，下一代的 CVS 新业务只好在内部独立开发。2006 年 8 月一号店"Power Convenience Store 热情空间"正式开业。内设厨房的中型便利店里，提供了"在顾客面前现做现卖"的新方案。这是由所属"外卖即食"部门，专门从大型综合超市的菜品供应公司挖过来的前干部人才，开发的成果。

"热情空间"成为时尚都市型的人气便利店，实行日间营业模式，并创下了超越 7-ELEVEn 的营业纪录。"这种模式看来能成功"，于是第二年即 2007 年，便在东京都内及千叶县相继开业了 6 家店铺。如此，我所描绘的下一代 CVS 构想快要梦想成真了。

实际上却出现了相当大的赤字。因为"在眼前现做现卖"的、以顾客为出发点的经营理念固然好，但为了维持运转不得不付出更多超出预算的成本。

我还从中意识到了另一点：如今的年轻人看别人在眼前捏着饭团，好像会留下"不卫生"的印象。而普通便利店里所销售的用塑料袋包装起来的饭团，反而卖得更好。

在看清这些问题后，我才领悟到先前自己的预想有所偏差，不到一年就决定将"热情空间"所有店铺关掉。

如果将 Origin 东秀的行业经验与商品资源投入到"热情空间"会怎样呢？如同历史无法重来一样，经营的世界里没有"如果"二字，可我仍然觉得如果那样做，结果会不一样。不管怎么说，我还是心甘情愿地承认，当初自己的假设确实存在失误。

那么，如果当初花下巨额资金收购了 Origin，之后对 Doit（名字源于 Do it yourself，通过收购成为唐吉诃德的子公司，是一家经营日用杂货与家具用品的建材超市）和长崎屋（是日本一家以经营服装为主的连锁商店。在濒临破产之际被唐吉诃德收购后事业得到重振）的企业并购也许就会失败。因此就结论而言，"没能收购 Origin 反倒再好不过"。

没有想到，实现这个商业经营构想如此艰难。本来要开发新的事业，每经历上百次挑战，能实现一两个就已经很好了。重要的是，在亏损范围还未扩大之前，就能看清并及时收手这点。只有坚决做到即刻撤退，才有可能进行下一次挑战。我们公司曾经就在开发这些新事业时，经历过无数次摔倒与失败。

而且在唐吉诃德的企业理念集——《源流》中，在经营理念的第五条就提到过"面对挑战要果敢又不松懈，直面现实时要无所畏惧且能快速撤退"。

先后收购 Doit、长崎屋

在 Origin 项目失败后，我也没停止过积极的企业并购战略。

一开始是在 2006 年 2 月，成功收购了处于企业经营重建中的大荣（日本大荣——DAIEI 株式会社创建于 1957 年，前身是一家杂货店。到 1972 年，在短短的 15 年时间内，就超越老字号三越公司成为日本零售业霸主）夏威夷子公司，接手了其四家店面（目前为三家）。这也是我们公司最初进军海外的案例。

所接手的店铺里，不但导入了唐吉诃德特有的密集陈列特色，还将食品超市与折扣店的风格融为一体，形成新的模式。公司名称也更名为"DonQuijote（USA）"。这之后，该模式经过三年的不断试错，总算步入正轨。而如今，一号店"KAHEKA 店"的年收入已经超过上百亿日元的规模，夏威夷的店铺经营也已成长为赚钱的买卖了。

紧接着在第二年，即 2007 年 1 月和 10 月，又分别收购了建材超市老店 Doit 和长崎屋。

Doit 方面与大荣夏威夷子公司一样，与其业务模式相比，其实我们更中意店铺网络的魅力，所以决定收购。

而长崎屋，与其说是店铺网络，不如说是因该店铺具备我们公司处于劣势的食品业务（尤其是生鲜类产品）而下了决心收购。事实上，长崎屋的行业经验与人才资源，在之后都发挥了相当大的作用。

而一开始针对长崎屋的收购决策，公司内部除了我，几乎所有董事成员都表示过反对意见。诸如"事到如今还有必要收购 GMS（大型综合超市）这种夕阳产业吗？""而且长崎屋不正面临着巨额亏空吗？"之类的声音。股票市场上也对长崎屋的收购做出了相应的回应，唐吉诃德的股价一度发生了暴跌现象。

然而，我孤注一掷。若是能够重新复苏 GMS 这种业务模式，一定能迎来出人意料的巨大机遇。实际上一直到事成之前，都经历了千辛万苦……

经过一系列的企业收购后，公司产生了倍增效应：2008年6月时的综合营业收入突破了又一个大关，实现了4049亿日元（前年比为134.7%）；集团旗下店铺数量达到223家店（与前年比增加了62家店）。

2008年6月之后，"MEGA 唐吉诃德"真正的一号店，作为唐吉诃德的第二个主力业务正式开业。从原先长崎屋四街道店改造为这种新业务模式——唐吉诃德独特的综合型超级折扣店，成为日后长崎屋焕然一新的模范店铺。

此后，长崎屋在全国的店铺都相继改造为 MEGA 唐吉诃德，而一开始被收购的 55 家长崎屋店铺中，如今就仅剩下两家仍旧保留着原来的店铺名称，以及原有的 GMS（大型综合超市）业务模式。

无法让人开心的企业也无法实现赢利

在 2010 年这个节骨眼上，我们公司再次迎来了事业的转折点。同年 6 月的综合营业收入为 4875 亿日元（1.4% 的增长），创下唐吉诃德自创业以来最低的增收比率。在这之后，一直到 2014 年 6 月的连续五年时间里，我们公司的营业增长率仅为一位数。可以说，拉开了低增长时代的帷幕。

不必说，这世上从来就不可能存在永远保持急速增长的企业。而且营业收入作为分母越大，增长率就越成反比例下降，这也是再正常不过的发展趋势了。

但我认为，此时才更应该为下一个阶段打好再次冲刺的地基，扎扎实实地做好内部防御工作。现在回过神来才惊觉，我们公司总雇用人数已经超过了 2 万人。所谓"大企业通病"，像沟通传达的滞后、因不能落实对店铺终端的透明监管而导致的不恰当行为等，开始时不时地显现了出来。

在高度成长的时代里，唐吉诃德为了贯彻"顾客至上主义"

的企业原则，一味追求的是"创造好评商店"。但在"良心企业"这个方面，还留有许多不足之处。也许正是这些不足，才导致唐吉诃德的本来形象没能如实地传达至社会大众中间，甚至还招来了误解与嫉妒……

如此一想，我才认真地正视"良心企业"这个目标，为了彻底消除这些大企业病，切实进行了企业治理，并为加强合规性而建立起了相应的组织体制。让人不可思议的是，企业的氛围会通过该企业的商品或服务传达给别人。我可以在此断言的是，如果员工没有办法开心地工作，这些员工所在企业的商品也会卖不好。

在唐吉诃德，员工与伙伴（指唐吉诃德的合作方、派遣人员）如果不能时常开心地工作，就不能营造出让顾客也愉悦的商店。正因为对此无比坚信，我们才会决定把"成为良心企业"视为自己事业中的最后一项完工环节。

不要"教育"，而要"信而用之"

为了完善内部防御功能，2010年起第一次开始进修工作。以十几人为一个小团体，分别将三百多名干部级员工召集至冲绳宫古岛，我亲自在那里当讲师，与大家一同留宿进修，进行透彻的讨论。讨论是在无须拘束的场合下进行的，这是因为我想把唐吉诃德的 DNA，传授给将来承担重任的这些年轻的领导者。这样的培训活动，一直持续到我即将宣布引退之前的 2014 年年底。算起来差不多有 40 次了吧。

说到这里，就顺便展开讲一讲唐吉诃德独有的人才开发理论。

我原本就很讨厌"人才培养、教育"这种"居高临下"的用词。毕竟"希望领导栽培我！"的年轻人根本就不存在。至少在唐吉诃德是不会有这种人的。总之，要有"人不是用来教育的，而是要自己培养自己的"这种思维方式，才能成为授权的前提条件。

所以首先要对人"信而用之"，而非"培训"。换言之，我们公司最为重视的关键词就是"信任"而非"培训"。要基于此来完善自我培养的环境、持续提供机会与机遇。这才是我对于人才开发的基本态度。

而且，我们公司也重视"竞争成长"的概念，而非"教导成长"。这种手段自然而然地也成为一线店铺彻底奉行的 OJT（OJT——on the job training。意思是，在日常工作中，上司和技能娴熟的老员工对下属、普通员工和新员工们，就必要的知识、技能、工作方法等进行指导的一种培训方法）的主要形式。不过伴随着企业继续扩大的经营规模、事业内容、组织体系，仅做到这样的程度已经远远不够。所以才开始了进修和有组织的新人指导等内容。

在零售的世界里,"能够吸引人才并启发其行动,方能前途无量"。无论个人多么优秀,如果无法获得下属的好评,就算不上是人才(领导),尤其是在将授权视为根本方针的唐吉诃德,这一点要素尤为重要。

反过来,如果个人并不算杰出、优秀,但非常有声望,甚至会让下属认为"为了这样的人,不论怎样我都会尽力去做",这样的人才是宝藏级人才。

最近我们公司的新入职员工以及年轻员工中,有很多人都有一技之长,而且比以往的人才都更加优秀。然而在声望这一点上,却无法评价。毕业于社会上公认的一流大学的人才,很少有年轻人具备"吸引下属"这种特质,也不知道是不是我多虑了。

再者,最近这些年来,每个员工在工作方面的"练习量"也明显减少。至少在从前,通过庞大的工作量与时间能够锻炼出相应的"质量"。即越是经历了超出常人练习量的努力型人才,越能不断地在一线崭露头角,通过率先示范,一步一步地带动下面的人前进,可到如今,企业中缺少这样的风景。

自然,从我们公司现在的组织规模与时代性质来讲,并不缺乏合理的劳务规定与相应的考量。应该说,已经不能像从前那样全部依赖于个人的"精力与毅力"了。

因为不能再依赖工作的"绝对量"来获利,所以只能通过浓缩工作的内容,减少浪费与低效的部分来提高业务精度。也因此需要进行必要的进修和培训指导。

杂草集团创造的奇迹

如今,招聘的人才水平已经有了大幅度的提升。因此即便在一线的练习量有限,通过进修、培训指导、OJT 等这样的社会课程,就能涵盖到各个方面了。

但人才变化率的幅度,即人才自身的"蜕变"程度让我感觉大不如前了。

坦率地说,在飞速发展中的 20 世纪 90 年代至 2000 年初的这段时间,我们公司正面临无法严格录用人才的状况。虽然那时已经上市了,但在知名度和企业形象方面还不够,一直没法吸引到心仪的人才。

在那个时代入职的员工们,可以说是"招聘对象外"的杂草集团。这之中的每一个人,都没有拿得出手的一技之长或业绩。也因为如此,他们才会有着"走着瞧!"这种高人一倍的不服输性子和超强的内压力。而且杂草中的"杂"本也意味着"多样性"。这样的"要强分子",我们公司自然巴不得招进来。

当这些人在一线被授予了很大的权力后,短时间内就能发挥出远远超出期待的能力和能量。很快，杂草集团完全变身为奇迹集团。

与此同时，也不断培养出了能够统率这类人的领导者们。举个例子，在我们公司，有不少三十出头的年轻人率领着三百人以上的下属。其实从他们的立场看来，说不定也多亏了唐吉诃德，才会将他们潜在的数倍能力与能量释放出来吧。所谓人才变化率，指的就是这种东西。

另一方面，如今我们公司也能在招聘会上录用到满足我们期待的员工了。若是这些优秀人才也具备与杂草集团相同的蜕变率，并能得到培养，应该会有数不清的世间奇才脱颖而出。没想到，事情并非想象的那般顺利。也许是因为一开始的分母过大，所以变化率才会降低的吧。

无论是杂草集团的强大，还是人才变化率的幅度，这些都是唐吉诃德独有的 DNA 和财产，我认为有必要去守住，并顺利传承给后世。这自然也是我想要开始进修项目的目的之一。

职业经营者多变的推敲才是王道

我从以前开始就很讨厌让极少数精英人物去支配大众群体的这种思想。这种近似独裁的方式，在企业经营中屡见不鲜。对于这种崇尚"专业经营者"的风潮，我不禁感到有些异样。

不过，堂吉诃德不一样。在经营层当中（包括我在内），几乎都是从一线开始不断磨炼成长起来的人才。在身处一线的杂草集团中诞生出了非常多的无名英雄，并在授权的前提条件下，形成了一个不断升华的企业文化与组织体系。

既然形成了这样的组织，才更需要接受多样性的存在。人类原本就有着各自不同的出身与经历、思维方式与价值观。尤其在日本战后时代，就因为是以这样的多样性为前提，并充分尊重自由，才实现了国富民强。反过来，越是被独裁的权力者遏制了多样性的社会，越会成为让大众毫无收获，并且导致不幸的社会。

企业也是同样。如果每一位员工不能相互接受对方的不同个性，甚至不能形成对彼此能表达敬意的多样性组织体系，也就无法接纳授权的概念。

而在唐吉诃德，商品阵容和顾客群都具备多样性，甚至员工中也是个性千姿百态。所以通过发挥每个人独特的个性与素质中最擅长的部分，能提高组织整体的能力。我认为这才是最强大的优势。

因为《基业长青》而做出了"让孩子独立"的决心

就在刚开始启动进修活动的 2010 年秋天，我在偶然的机缘下，读到了詹姆斯·C. 柯林斯所著的《基业长青》(*Visionary Company*)这本书，产生了深深的、从未有过的共鸣。

如很多人所知道的那样，这本书围绕那些长盛不衰的企业都有哪些共同点这一疑问，通过自然科学的方法进行了解答，既无主观判断亦无任何偏见，是一本绝世好书。

其中，长盛不衰的企业最大的共通之处大概就在于，贯彻了"忠于愿景与理念的经营之道，而非依赖于领袖级的个人企业家"。对于这一点，我深信不疑。

我最终也是要离开的，但我希望在我辞世后，唐吉诃德能够继续经营下去，也就是希望它能长盛不衰。因此，作为创业经营者的我，不得不与唐吉诃德做一个血缘关系的了断，也可以说是离开父母让孩子独立吧……

而我当时的心情，像是在追求企业经营与自我的贪念之间产生了迷茫一般，纵有千头万绪却无法理清。

自己的一生拼命奋斗，才有了唐吉诃德这个集体，要让它在我离开后也能一直繁荣下去，我究竟应该怎么做才好？另一方面，安田隆夫的个人私欲又该如何实现呢？……这两种想法时常在我的脑海里盘旋、互相对峙，有时是前者取胜，有时又会因为后者而举棋不定，这摇摆的两端一直停留在潜意识里，相互矛盾地纠缠着。

说句实话，当时的我所想的"个人私欲"其实就是想赚钱，想要别人更加认可自己，非常俗不可耐。我就是这样一个浑身充满俗气欲望、羡慕与嫉妒的人啊。可是，也多亏了这些俗气的欲望，也就是金钱之欲和名誉之欲，它们是促成唐吉诃德诞生与成长的动力之源，这是毫无疑问的事实。

困顿于这样的旋涡之时，在别人的推荐下读到了《基业长青》这本书，正如前面所描述的，我一下就茅塞顿开了，而且从心底豁然开朗起来。

于是，我进行了反思：首先是金钱。我从一开始就是身无分文的一个人。就算能获得更多的钱，也不知道该怎么去花完，所以也就没有挣钱的意义了。说句心里话，就是觉得"钱之类的就算了吧"。

其次就是名誉了。既然是有着血肉之躯的人，我总归还是要面临自然老去。所以重要的不是我自己，而应该是我的孩子唐吉诃德的长期繁荣。这样一想，我那希望被人认可的渺小虚荣心，也就消失得一干二净了。现在是该"让孩子独立"的时候了。

如果唐吉诃德能在后世成为社会公认的长盛不衰的企业，那我如今就不再需要任何东西了。至少可以彻底放弃掉自己世俗的私欲。这些是《基业长青》这本书教会我的。

《源流》

不过话说回来，像我这样浑身沾满着世俗之欲的人，能做到这样的反思也是不可思议的。也许是我在潜意识里已经发觉了必须改变方向，斩断一切私欲与执念吧。而且就在这样的时刻又偶然遇到了《基业长青》这本书，实在"深得我意"，让我立刻心领神会。

可能为时已晚，但我从心底感到要"舍去私欲，为大义而弃小我"。读完《基业长青》后，我被这样的畅快心情及轻飘飘之感包围，一切如昨天刚发生一般清晰可见。

然而，从我目前的年龄（当时 62 岁）来计算，所剩时间已经不多了。要将唐吉诃德从我身边放手推出去，就要立刻完善企业应有的框架体系。

那些长盛不衰的企业最大的共通特点就是："拥有明确的理念与方针"。这句话在那本书中反复出现了好多次。

此时的唐吉诃德，虽然已经有《五大禁忌》所代表的实用行动规范，但在企业应有的发展方向上，没有清晰的理念与指导方针。

这样下去将无法成为长期繁荣的企业……我有种强烈的危机感，于是下定决心要编写出一本符合我们公司企业理念的书。

这正是《源流》。

要制定出让企业在未来长期都适用的理念与思想，并添上属于"唐吉诃德"的独有特色，这样的工作想来也是需要耗费惊人的时间与体力的。

《源流》的初版于 2011 年 4 月正式发行。而再次修订过的《源流》完整版，于两年半之后的 2013 年 9 月发行。从我遇见《基业长青》起，这时已经度过 3 年的岁月了。

彻底地"尊重"一线员工

《源流》中强调彻底的一线主义。这一点我可以堂堂正正地说，在零售界，尤其是连锁零售行业，应该找不出第二家企业，能够像唐吉诃德这样重视并尊重一线营业现场。

就拿我在任时为例，只要一有时间，我就会到全国各个店铺进行到店访问（企业总店对分店进行指导时，被派遣人巡访各地分店），此时我从来不会对店长或一线员工说一句埋怨甚至指责的话。而是永远表示赞赏并为现场打气："多亏了你们才能有这样优秀的店面，真的很感谢大家！"

国会议员回到自己的选区时，都会认真聆听权威人士的陈述；经过田间看到务农的老婆婆时，出于一种鼓励的心情，我也会双手握住问候对方："您身体还好吗？"——和经常在电视上能看到的画面一样。

在我看来，一个企业家如果连这一点都做不到，还谈什么重视一线员工呢？可是在零售行业，像我这样到店里视察的经营者并不多见。随处可见的是一群拍马屁的人在后面跟着，就跟将军出行一般声势浩大、居高临下地到店铺进行访问的画面。

如果，那些离开了唐吉诃德的员工，聚到一起说我的坏话，我会认为是我这个经营者的失败。离职的员工如果说公司或者直属上级的坏话那就罢了，若有人说"安田就是不行"，我觉得我就失去了作为一名经营者的价值了。

"败者复活"的文化

在唐吉诃德的独特文化中，与多样性、一线主义相并列的还有一个"败者复活"文化。

不过，这一点在日本的大型企业当中非常罕见。

就以我所认识的一个银行工作者为例，明明是一位非常优秀又兼具人情味的出色人才，却因为 25 岁时所犯下的一次失误（将放着银行现金的手提包遗忘在了地铁里。虽然事后顺利找到并归还），而导致自己到了 50 岁还一直遭受冷遇（没能被赋予与其能力相匹配的职务和职位）。简直是不可理喻。在堂吉诃德，如果因为这种事情而长期受到冷遇，那差不多所有员工都要归为受冷遇的对象了。

在我们公司，可以说"二进宫的员工"比比皆是。而且完全不会因为辞职过一次的这类经历而受到扣分。反而经常看到有些人根据其实力与成绩，成为干部级的员工，或者在短时间内获得晋升等等。

至少在我们公司的干部中，很多人都经历了好几次失败或降职，又再次站了起来，他们拥有的是一路顽强好胜而实现了败者复活的经验。而且越是有过这种经历的员工，越容易成为能够沉着应对绝境的高级干部。

人会犯错，这是再自然不过的事情，判断失误也是情理之中的事情。由人类所形成的商业世界不可能毫无漏洞。现实中（包括我在内）比起正确的判断，更多的还是错误的判断。这是实际情况。如果害怕犯错或失败，就无法进行果断地挑战。若发现了失误，迅速撤退就好了。至少在我们公司，已经形成了一种可以包容这些问题的环境。

人事问题上也是一样。不管是进行判断（上级）的一方，还是被判断（下属）的一方，可能常常会发生错误或误判的情况，能够做到包容"败者复活"，其实并没什么独特之处，而应该被视为一种理所当然的制度。

再重复一下，我们公司对于业务上所发生的一时失误或失败，绝对不会一直抓着不放，更不会打上烙印记录在案。因此，像前面提到的银行员工的案例，在我们公司是绝对不可能发生的。

综合超市重获新生

关于《源流》的筹划工作，乃至理念的传达渗透，都需要相当多的时间、精力、耐心。结果，我在自己最后的五年时间里，反而比创业时期还要忙碌。

此外，还有一件悬而未决的事情，就是长崎屋的重新改造。既然是我不顾身边反对而执意推动的收购项目，就应该在我还在任的时候，担负起责任将其带入正轨。

然而综合超市（GMS）的整个体制已经失去生机，要重振这种事业形态，可谓是零售行业中难题中的难题了。我就这么直接揽了下来，不用说会有多忙了。

前面也提到过，长崎屋经过全面的重新改造后，成为综合折扣业的商业形态——"MEGA 唐吉诃德"（以下简称 MEGA），而其真正的一号店四街道店是在 2008 年 6 月正式开业的。在那之后，全国各地的长崎屋都相继改造成了 MEGA 的模式，只是并没有当初那么顺利。

完成所有后续的改造工作，让我花费了远超预期的庞大资金与劳力，运用了如同解开一道高难度智力题那样的智慧，才终于走上了正轨。基本上是将好不容易产生了盈利的租赁业务作为担保，又通过自身的经验和知识重新挽回了直营的零售亏本业务，这场面向未知世界发起的挑战，不用说有多么不容易了。

唐吉诃德最擅长的是经营以个人/单身者为对象的夜间市场，然而在 MEGA 需要开拓出以家庭/主妇人群为对象的日间市场。在 MEGA 的每个一线现场，来自长崎屋的前员工和唐吉诃德的资历员工组成团队，没日没夜地进行直言不讳的沟通，以及数不清的推理验证。不论是卖场规划还是推销策略，都是改了又改。

在 MEGA 实践过的试错调整期与唐吉诃德一号店相同，基本上花了近四年的时间。在那之后，MEGA 开始逐渐产生稳定的收益，长崎屋于 2011 年 4 月，也是在成为合并子公司的第四年，才终于实现了营业收益。

总而言之，我们公司独自开创的 MEGA，是作为日本式 GMS 事业形态的一次成功改造，到现在我也自负地认为这是日本唯一的成功案例。

GMS 再造模式之"MEGA 新川店"

MEGA 随后再次实现了自我进化。从完全走上轨道的 2012 年起，因为考虑要将其应用到新的店铺中，于是便着手开发 MEGA 的缩小版——1000 坪规模型的综合折扣业模式"新 MEGA 唐吉诃德"（以下简称新 MEGA）。

跟原先的 MEGA 相比，新 MEGA 更加小型紧凑，不管是空间方面的灵活运用性，还是已预测到的更高营业效率和收益率，如今它都被视为我们公司战略性推进中的解决方案型开店（具体请参照第二章）最大的支柱事业。

另外，除了前长崎屋店铺，还有新的店铺开业。其中第一号店就是 2013 年 12 月开店的"MEGA 唐吉诃德新川店"（札幌市）。自从长崎屋归属我们公司旗下后，这也是尤其值得纪念的首家新店的开张。

其实，这家店是在"伊藤洋华堂新川店"的撤退旧址中，打包入手的店铺。1990 年开业的该店，曾一度繁荣，然而最近几年因为"永旺商城札幌发寒"的开业（2006 年），再加上周围同行业竞争激烈等因素，导致其商业魅力与吸引顾客的能力日渐减弱，到关门之时（2013 年 9 月），营业收入更是急剧减少。

当该店摇身一变，成为 MEGA，第一年的年收入就达到 45 亿日元。本年度也稳稳地突破了 50 亿日元大关。换句话说，伊藤洋华堂所放弃的店铺，被 MEGA 完美地复苏了。

落后于时代的连锁店理论

话说回来，唐吉诃德之所以能够靠一己之力，通过打折零售业出人头地，其最大原因是，采用了"以授权为前提的反连锁店主义"这种独特的方式，就是将打破常规贯穿到底。

在我们国家现有的很多大型零售企业中，GSM（综合超市）、SM（食品超市）、HC（建材超市）、便利店以及快餐店等等，都是依照诞生自美国的连锁店体系成长起来的。

连锁店体系简单来说，就是以对店铺、商品种类、运营进行三大标准化管理为前提，由总部进行主导的一种有效运营、经营的体系。可以说，总部就相当于"大脑"，而各家店铺只不过是手和脚的角色。连锁店理论的确在战后一直到高速发展期，都被集团零售业视为行业圣经。

事到如今，环境开始发生了转变。这是为何呢？其实很简单。这是因为从社会、经济到消费都发生了根本性的变化。在被称为资源过剩、购物欲低迷的当代日本消费社会，已经没有必要再大量供应同质单一的商品了。如何去满足多样化个体需求，才是如今零售行业最大的课题。

而且，商品在轻易之间就卖不出去了。就算是为数不多的畅销产品，在不同地域之间也存在不小差异。在当代这样的背景下，如果还要坚持在全国范围内，统一商品种类和运营规则这种呆板的连锁店理论，只会导致时代性的错误。

然而延续着固有形态的 GMS 之类，明明早已失去了顾客们那颗变化无常的心，只是去调整一些无关痛痒之处，进行搪塞敷衍。

照我的经验来看，越是这样看上去似乎有点道理的言论，越充满危险。IQ 很高的人所经营的企业最容易犯的错就是，将条理分明与有管理可行性的道理混为一谈。就算是在金融、投资领域，也有不少说起来头头是道的理论。但当大家一旦信以为真地奉行起来，却又总是出错。毕竟头头是道并不一定等于完全正确。

人的心理原本就不是条理分明的。因为人本身就抱着这样、那样的矛盾，这才是活着的证明。而经济世界作为集合了所有人的综合体，在某种程度上，也可以将其视为最能体现生物现象的产物了。如果仍然采用自然科学的手段去分析，就无法判断哪一个观点是绝对正确的。

大型企业开始模仿唐吉诃德的时代

首先我要强调一点，我从一开始也并非连锁店理论的反对者。在零售业成长壮大与多家店铺开展方面，大部分这样的思路及方法确实是相当受用的。

我在开设唐吉诃德一号店时是在1989年。当时的连锁店行业早已迎来了群雄割据的高度成熟期。如果再考虑跟在别人后面，由总部主导运营连锁店，肯定是没什么胜算了，于是决定打破常规，采用反连锁店的个体经营方式。

目标策略也是一样。当时围绕主妇、家庭的"日间市场"已经被开发得很彻底了。我认为已经没有再涉入的余地，才会确定以单身人群为目标，重视创造"夜间市场"的。这也是打破常规。结果，这却成为"蓝海"（蓝海——Blue Ocean。没有竞争对手的领域。蓝海战略是"红海战略"的对称。是指打破现有产业边界，在一片全新的无人竞争的市场中进行开拓的战略。目的是摆脱竞争，通过创造和获得新的需求、实施差异化和低成本，获取更高利润率。因此，把无人竞争的市场比作没有血腥的蓝海）。

事实上从人口动态上来看，单身人群确实在增加，从当时来看也能清晰地看到未来的方向。唐吉诃德与便利店才会因此在这个时代飞速成长起来。

而如今，颇为有意思的是，现有一些大型零售企业的态度发生了180度的变化，整齐划一地强调起"摆脱单一的连锁店形象"的个体特色经营的重要性来。在这个竞争激烈的时代与消费趋于成熟的社会里，想必他们也是看到了从卖家立场出发的传统连锁店模式，已然无法进行对抗了吧——虽然有些为时过晚。

在目标策略方面，也像改变了信仰一样，大力提倡对单身人群的重视。比如在最近的 SM、GMS 的加工食品等区域，竟有一种身处便利店的错觉，到处都是少量或单独包装的产品，在城中心还竞相推出了以吸引单身人群为目标的迷你超市。最近更是听说有很多超市开始了夜间经营。

等到回过神来才意识到，唐吉诃德已经被大型企业竞相模仿起来了。

另一方面，我们公司已成为国内折扣零售业中的最大企业，跻身于零售业主力阵营。可以说，当初的反命题已经在不知不觉中成为主旋律。

不过，我们绝不会在这种情况下安于满足而飘飘然。现在更是需要发挥经营理念（第四条）——"对应变化并创造性地破坏"的精神，进一步去磨炼授权与个体特色经营的独特优势。否则，这样的优势说不定哪一天就会成为当年的成功体验。

接下来要靠"技高一筹地打破常规"来一决胜负

就在大型连锁店开始模仿唐吉诃德后，我们公司要进一步打破新一轮的常规。不对，准确来说是要走到别人前面去。正因为我们已经历了独特的反连锁主义经营而独树一帜，所以才能发现另一个值得重新改造的着眼之处，即吸取"连锁店体系"的精华之处。

具体而言，就是在总部设立一个专项应对连锁体系问题的部门，将一直以来因为反连锁主义而造成的各种不合理、低效率、不平衡的课题逐一解决，这样才有可能实现更高水平的授权与自由发挥。

总之，个体特色经营与连锁经营，并非背道而驰的对立形式，而是要实现更高层次的兼顾，即"AND"状态。这么说可能会引起误解，但我觉得只有这样做，才算是真正符合日本国情的终极连锁店经营体系。

另一方面，关于目标客户群，以"MEGA 唐吉诃德"以及"新 MEGA 唐吉诃德"等商业模式为主，计划争取到大批的主妇及家庭客户群体。实际上这样的顾客群体也正在成为我们公司新的"蓝海"。

不可以松懈了士气

当然，我也从未想过要把唐吉诃德做成普通的连锁型店铺那样。虽然那么做也许更为轻松，但我明白那是一种诱惑成分，而且不会有什么好结果。

然而，随着企业规模的日渐扩大，当初最为突出的要素开始日渐削弱，或是变得陈旧丧失了应有的魅力。到如今，唐吉诃德不知有多少次都跌入到那样的圈套中。为了避免这样的窘境，经营者需要时刻留意，不要重返平庸的状态。

除此之外，创业时期的突出优势虽然有一定吸引力，而且往往越突出越好，但也没必要去做过多调整。然而随着企业规模扩大，为了迎合最大公约数的需要，就应该调整这种突出优势。此处才是最棘手的地方。比如营业收入达到了 60 亿日元的时候，唐吉诃德只需要重视少数的热衷粉丝即可。然而当营业收入超过了 6000 亿日元之后，要想实现更高层次的增长，就不得不去拓展目标客户群了。

不过，也不能因此松懈了士气。至少要让顾客们的兴致时常保持在创业期的原点——"唐吉诃德就是折扣店"。无论如何，绝对不能脱离这一点，这也是我字字句句都钉进了《源流》里的核心。

反之，其他要素都可以改变。顾客的年龄、特点、国籍、性别……这些都可以随着时代和规模的改变进行调整。只是，"尽量选择更便宜的"这个出发点是不可以调整的。也不能想着"更好看又高级一点的产品"。当然，既好看又高级，而且还能便宜的话就再好不过了。可是，"只要好看又稍微贵一点点"这种想法绝对不行。一旦这么做，就会回到平庸无奇的状态。保持平庸固然轻松，但同时也意味着死亡。

时时都经营廉价商品，其实相当不容易。可是这才是可以成为常胜将军的原因。

向美国发起挑战

2012 年我们公司将业务管理部门独立出来，成立了唐吉诃德 Shared Service 株式会社（现合并子公司），主要负责集团的后勤管理业务及相关服务。2013年12月2日，正式过渡为纯粹控股公司。这就是现在的"唐吉诃德控股株式会社"（2019年再度更名为 Pan Pacific International Holdings——泛太平洋国际控股）。

当新的组织结构与内部防御功能完成整顿后，我们又再次转为攻势。2013年9月，我们公司收购了日系SM（食品超市）品牌企业——"MARUKAI CORPORATION"（以下简称MARU-KAI），该企业在美国夏威夷及加州拥有11家店铺。

正如前面提到过的，我们公司于2006年接手了大荣夏威夷店铺的转让，实现了首次进驻美国市场，并将其重新推上了事业正轨。目前，我们公司位于夏威夷主岛瓦胡岛（Oahu）的这三家店铺，全都有条不紊地持续产生着稳定的收益。

瓦胡岛得益于高密度的人口和繁华的商业圈，成为商业竞争格外激烈的区域。而我们公司依然能在这里获得成功，就在于将食品作为主体，极力打出"日本特色"的招牌，这种突出地域特色的宣传方式，也顺利将日籍人士与当地人同时作为了目标顾客，从而形成了日式的SM型折扣业形态。如果在美国的地盘上只是按照美国人的方式来开展商业模式，肯定是行不通的。

而且，就算是照搬以往的成功经验，在异国他乡往往很难实现多家店铺的发展。尤其是在瓦胡岛，还有因地价昂贵而时常面临资金吃紧的窘境，因此在店铺开发方面的难度，就算放到整个美国，都可以算是数一数二的级别了。也正因为如此，我们公司才会选择从现有日系 SM 企业中探寻一条 M&A 之路。

可是，不论是在夏威夷、美国本土，还是有号召力的亚洲，日系 SM 企业并不多见。虽然也找到了一些目标，然而始终没有出现中意的选项。正当以为 M&A 战略有些停滞不前的时候，"MARUKAI" 出现了。

MARUKAI 虽然算不上大型企业，但作为日系 SM 品牌，在夏威夷和加州也算是有着悠久的历史，顾客的评价与知名度都挺高。据说是因为老板年龄过高，希望将美国的所有业务全盘转手。

对于我来说，自然是不想放过这样的机会。若是能将 MARUKAI 拿到手，我们公司在夏威夷的事业一定会更加稳固。而且，对于有着很多日籍人士、亚洲人群、可以算是全美第一富有的加州商圈而言，在创造商业模式方面，再也找不出第二个这么让人充满想象空间的地方了。

在海外以"长崎屋为主导"来一决胜负

在对 MARUKAI 进行收购的同时，含该公司业务在内，我们筹备了负责泛太平洋世界战略总部机构——在新加坡成立了海外事业持股公司"Pan Pacific International Holdings Pte. Ltd."（以下简称PPIH总公司）。在PPIH总公司的持股比例中，唐吉诃德股份占40%，长崎屋占60%。也就是说在集团的海外事业中，将以"长崎屋为主导"来推进。

为何海外事业要以"长崎屋为主导"呢？以食品为主的SM方面，长崎屋的业务形态要比唐吉诃德更具亲和力。而且理由还不止这一个。唐吉诃德仅有不到25年的历史。长崎屋作为日系GMS，有着更长的历史及传统与成果。MARUKAI也是一样。既然如此，还不如顺势在海外，尤其是夏威夷和美国西海岸，发挥老店的优势与强项，这样能有效地开展事业吧。

此外还有一点，也是最主要的理由，就是希望经历了M&A之后重获新生的长崎屋前员工们，能够帮助我们公司在海外的M&A事业的成功。

作为曾经GMS名门企业的长崎屋，经历了业界的夕阳时期而濒临倒闭，通过民事再生（指经济陷入困境的债务人，如果得到了大多数债权人的同意，并且得到法院的许可，可以制定一个再生计划，目的是使该债务人的事业或经济生活能够重获新生。民事再生法是日本1999年制定，2000年实施的一部法律）、雇主变更后才成为我们公司的一员。这些长崎屋的幸存员工，忍受了这一系列的变动与再生的苦难才一路走到现在，但也确实还未能在唐吉诃德成为过真正的主角。尤其是自尊心极高的食品部门，一定有不少人还心存遗憾吧。

因此，我才会想给他们机会。也是缘于心中一直存在的这份念想，我才会想拼命争取 MARUKAI 的 M&A。即便是在看不到光芒的黑暗时刻，也要毫不气馁地拼命磨炼自己，说不定哪一天你的人生会出乎意料地到达巅峰。

实际上，MARUKAI 现有店铺已经更名为"东京 Central"，是将日式的即食外卖、熟食作为主力商品的新型业务形态。相关店铺都经过改造后陆续开业（截至 2015 年 9 月，以"东京 Central"命名的店铺共有四家）。负责该项目的核心成员是出身于长崎屋食品领域的前员工们。

现在在第一线负责指挥的 MARUKAI 社长，也是担任过前长崎屋社长的关口宪司。

还不是在中国开展事业的时候

一来，将海外事业的总部（PPIH 总公司，现在我是法人代表）放在新加坡，是因为该国属于全球贸易自由度最高的亚洲中心。

看到这里，读者们也许会产生这样一种疑问：为什么我们公司在进军海外时没有选择亚洲，而是先选择了美国呢？事到如今无论谁都会选择进军中国，不是吗？

当然我们公司将来也计划在中国和东南亚大批开店。所以才会选择将新加坡作为总部。

事实上，亚洲各国的大型企业及投资家等，早已纷纷向我们抛出了橄榄枝，希望开店或进行合作洽谈。

但目前，都被我慎重地回绝了。

这是因为我觉得要正式进军亚洲市场还时机尚早。

至少像唐吉诃德这种综合折扣行业，要想在中间商流通环节不够发达的亚洲成功，难度实在太大了。

在第二章节里曾经写到唐吉诃德的"批发SPA"事业形态。这是指唐吉诃德在灵活利用到了日本极度发达（也因此过于复杂而会被大型连锁企业等敬而远之）的、日本特有的中间流通业，才能发挥自己独特的个性与魅力的。像这样的强项与优势，在海外极有可能遭到破坏。

还有一个理由是，唐吉诃德的商业模式，要在市场成熟地流通到发达国家才有可能成功。这是怎么回事呢？在日本或美国，从百货商场到GMS（综合超市）、SM（食品超市）、HC（建材超市）、便利店，再到被视为品类杀手（Category Killer.指营业面积较大，但商品品类较少的连锁专卖店，因其在较小的商品品类范围内有较多的单品，故能"杀死"那些经营同类商品的小商店。在中国如百安居、国美电器等）的各类大型专营店，各种各样的业务形态相互共存，生生不息地反复发生着

第4章 为了成为有先见之明的企业而发起挑战

激烈的竞争。

对消费者而言，在如此激烈的行业竞争与发达的流通行业现状中，一定会选择方便又舒适的产品的。然而与此相对的，资源高度充足的现代消费者，如果看到的都是除了招牌以外，其他完全相同的连锁店或卖场，从心里就会对这些单一同质化的东西产生距离感和厌烦感，由此产生出对其他原创的渴望。而这正是唐吉诃德能够被广泛接受的基础和余地。

与之相反的是，包括中国在内的亚洲各国，尚处于流通业的发展中阶段。具体而言，首先需要通过 GMS、便利店、品类杀手等传统行业的完善，来向消费者提供"便利与舒适"。换句话说，还没有形成一个需要唐吉诃德的成熟市场和行业环境。这就是所谓的时期尚早的意思。

那么，我们公司打算什么时候正式进军亚洲呢？就结论而言，三到四年以后或者还要更久些吧。如果中国在三到四年就能完成欧美发达国家二十年的发展水平，短期内也是有可能实现成熟的吧。如果是这样，唐吉诃德会很快开始在中国发展。

眼下恰逢大批来自中国的顾客，特意跑到日本冲着唐吉诃德来疯狂采购的时候。至少对他们而言，唐吉诃德是"来自日本所以才有价值"的吧。

一方面，我们公司是以拓展海外市场为前提，在大约五年之前就开始定期录用外籍员工（其中九成是中国人）。现在主要让他们处理外国人的访日观光相关业务，对于这些心怀壮志的人才，我希望能够尽快给他们更好的机会。准备让他们作为主角，中国区的唐吉诃德就交给中国人来负责好了。完全没有必要采用跟日本唐吉诃德一模一样的形式。

"唐吉诃德物语"的完结篇

在世界零售界排名前十的名单里，过半的六家企业在实质上都属于折扣类企业。零售世界的第一位，则是美国的名为沃尔玛（Wal-Mart Stores, Inc.）的综合折扣业者。因此从世界范围的零售市场看来，折扣算是压倒性势力。

与此相比，日本国内的情况又如何呢？仍然还是 GMS、百货商场类、家电量贩类等传统零售业领先排名，而我们公司作为国内折扣业的一把手，只排在第十二名的位置（截至 2015 年 6 月）。综合型折扣业者没能进入营业收入排行榜前十名的发达国家里，也只有日本了。

不过日本近年来，也迎来了与欧美各国齐头并进的高消费增税时代，以及贫富差距在急速扩大的社会环境，在我看来，这会促进综合折扣业的事业模式获得更大的势力范围。

从这一点也能看出，日式 GMS 能够重获新生的关键，除了"综合折扣化"就别无其他选择了。正如前面所说的，如今唯一的成功案例就是 MEGA 模式系列。

如果再回过去看看历史，日式 GMS 的最初起步，就是采用了一种类似于综合折扣的形式，并在高度经济时代得到了成长与壮大。然而我回过神来才发现，随着高成本体制化的演变，这种模式不知不觉间已经陷入了"什么都有，却又找不到想要的"的地步。

所以我认为，现在的 GMS 企业还不具备能够实现强大综合折扣业的基础设施，以及相符的体质、体力基础。而且，若只是一味地执行低成本方针，如此缺乏丰富感与趣味性的折扣业（我把这类称为"乏味的折扣"），像日本这样成熟的消费社会肯定是不会接受的吧。

考虑到这些情况后，对于真正的 GMS 重生所做出的、最为大快人心的解答的"支柱 GMS"，我们公司是否才是最接近的那一个呢？

如果真是这样，那在我心里，"唐吉诃德物语"就可以告一段落了。因为在第二章时我也提到过，我在唐吉诃德创业时期，就曾举起枪，一个人孤军奋战地朝着巨大的风车一路向前。而在我心里，把那个风车视为当时处于绝顶高处的日式 GMS 的隐喻。

第 5 章

将不可能变为可能的安田式"打破常规联想法"

第5章 将不可能变为可能的安田式"打破常规联想法"

"搜肠刮肚"究竟是何物

在唐吉诃德内部,"搜肠刮肚之力"(原文中是"はらわた",日语里"大肠"的旧称。也有将其引申为处于曲折深处的含义。也可被视为大肠与小肠的统称。进一步可引申为心、本性、事物精髓等)这个词已经成为一个通用词。在这本书里也出现过几次,甚至还被用来作为公司宣传册的标题。

即便是在一线营业卖场里,平时也会经常听到诸如"你还得再好好感受一下'愁肠九转的状态'""你还是没到'搜肠刮肚'的程度"之类的交流与对话。

这里的"搜肠刮肚之力"是我亲身经历过的惨烈体验,如字面意思那般,是从愁肠深处涌出的词。也正是在"笑断了肠/笑到肠抽筋""气到肝肠寸断"中所表示的那个"肠"的意思。用汉字来写就是"肠"。

"肠"跟"肝"还不一样。比如说到"有胆量"(日语里的"肝っ玉"表示胆量,含义接近《沁园春》中的"冰肝玉胆"),是指不为所动的一副堂堂正正的形象。而"肠之力"并非如此光鲜的事物,不仅不够成熟还有些土气,可以说是完美形象的一个反面极端。

然而是否具备"搜肠刮肚"的力量,却能左右那些被送上断头台的人的一生。就算是周围所有人都已经阵亡沙场,"搜肠刮肚之力"这种东西,也能为一个人带来幸存下去的强大好运。

聪明的读者们应该已经看明白了吧。我所说的"搜肠刮肚之力",是一种痛苦挣扎的力量,是在遭遇艰难曲折之后,仍然想要爬起来的一腔孤勇。

即使已被污浊的河流吞没,双手仍然不顾一切地紧抓着堤坝不放,哪怕只是稻草也要紧紧握着,拼命不被冲走的精神力量。即使即将被推出界外,也要拼命保持住不被甩出界线,想要绝地反击,将对方一击击倒的顽强。

不论是在自己的人生还是工作上,我都曾好几次身陷进退两难的"已经快要不行了"的局面。

在那个当下,内心总能涌出一股不可思议的力量。不断浮现出如此念想,让我好多次都能看到一丝生路……到现在也还在持续发生着,没有停过。

支撑这些的东西,是无法用所谓的"信念"、"意志",甚至"不屈不挠"之类好听的辞藻或理论来表达的。至少对于实战派的我而言,脑海里只能浮现出"搜肠刮肚之力"这个词来。

因此才需要时刻保持"肠"的意识,一直这么顽强地战斗下去。再强调一下,在格斗当中,最重要的武器就是"肠"。而且要想把握"搜肠刮肚之力"的核心,只能是让自己一心一意地去保持,"无论如何都想要"的强烈的自我实现意愿和执着。

在当今如此激烈变化的时代里，如果能找到属于自己独特的"肠"之力，就能以惊人的效率抵达成功的彼岸。完全不需要什么资本、人脉或经验。所以，我一直认为"搜肠刮肚之力"这种东西，才是让人不断往上提升的最大、最强的关键词。

成功的最大收获是从羡慕中获得解脱

在第一章曾经提到过，从年轻时起，我就是一个有着超于常人的极强嫉妒心、总是羡慕别人却说是打抱不平的男人。一看到那些开着超酷的车、带着美女走过的同龄男性，我就无法忍受，满脑子尽是抱怨。

而对那些老练社会人士、土豪金主、获得大众认可、备受尊敬的人物，我总是嫉妒到不行。不过，这些自然无法说出口，只能一直埋在心里，任凭它不断腐蚀。那就像嫉妒心理深入了骨髓一般，其实我内心备受煎熬。

总之，像这样近似某种偏执狂的想法，一定也毫无疑问地关系到出人头地的强烈想法，与内心不断膨胀的压力。如果没有这些，就不可能会有堂吉诃德今日的成功吧。

就在刚过五十岁的时候，像被驱魔了一般，我才得以从极度善妒的"囚徒之身"中重获自由。而且，到五十五岁时，对那些成功人士的嫉妒与羡慕都统统消失了。也许是因为自己能够感受到自己的成功了吧。

经历了这番变化的我,开始能够把别人的成功当成自己的成功一般感到喜悦,也能坦率地对具备优秀能力的人表示赞赏之情了。用更心象风景("**心象风景**"是在中国传统绘画的根基上拓展、衍化出来的现代水墨画。"心象"即画家的心灵迹象;"风景"却有着比山水更为宽泛和多义的内涵)的话来说,这是一件特别能让人感到放松的事,是一种在我还纠结于输赢而闷闷不乐的年轻时代,无法想象的待人接物方式:既丰富又开朗,还温柔近人。于我而言,这才是成功所带来的最大收获。

想必在读者当中,也有人像我这样属于无法控制住内心压力的人吧。通常越是容易感到心理压力过大的人,越是不容易感到满足。因为这样的副作用,会导致无法安于工作、一不小心就会被划到人生输家组里去。而压力小的人,会按照别人安排的内容勤勤恳恳地工作,失败率也没有高压组那么高。但我特别想对这些人表示声援与支持。因为我衷心希望他们一定要成功。

现在,这棵树上的果子就在你唾手可得的地方。不过在树的更高处还有一个更大的果实。如果想将它摘下来,也许会有从树上掉下来的风险。然而对于高压组的人来讲,就算是冒着风险,也希望爬到树上去收获更大的果实。支撑着这种勇气与力量的就是前面提到的"肠之力"。

门外汉也有属于自己的强项

我是作为完完全全的门外汉而开始从事零售行业的。知识为零、经验全无,自然也不存在什么人生导师之类。可以依靠的只是自己的直觉,所以也只能去把属于自己的风格做到极致。

可是作为门外汉,也拥有一种只有他才会有的最大特权。因为不了解行业,才有可能出人意料地自由联想,进而把握住巨大的商业机会。

不论是发现了夜间市场,还是创造出了替代"商品销售零售业"的"时间消费零售业"这一全新的事业形态,都是一直专注于坚持"自我风格"才会有的收获。就如前面所写的,能够一路执着于"反连锁店主义"这样打破常规的想法,也是同样的理由。

假如我是在现有的流通企业工作了一段时间以后,再以此经验开展零售业,又会是什么样呢?光是想想都觉得毛骨悚然。

但凡有了一点店铺经营、采购、销售、陈列等知识经验后,就算是我这种人,也肯定会照搬无误地用到自己的开店经营中。这样的话,就绝对不可能诞生今天这样的堂吉诃德。

不战而胜才是终极武器

从前我就特别喜欢书,简直就是文字印刷中毒者,但从来不会看那些商业指南、"How to"系列的书籍。对那些取名为"你也可以成为创业者"之类的书,也不感兴趣。

"第一步请积攒进入这个领域优秀企业的经验。充分去学习行业知识、磨炼专业技能,并为了创业的那一天的到来,而好好积攒资本"。

这些完全是胡说八道。在今天竞争如此激烈的时代,这种把读者当作三岁小孩的教导已经行不通了。

确实,在创业之前,如果能有一定的行业知识与经验,甚至资金及人脉,是能够顺利启动事业的,还能在最初几年里不用过度操劳。

但一旦事业走上了正常轨道,当你准备"接下来该把事业做得更大些了"时,你会发现四处都有障碍围绕着你,甚至不费吹灰之力就把你击垮了。这是因为你已被更大的资本家盯上且被它吞并了。

只要是按照现有行业常识、体系来操作,不久就会被资本更大、信息资源更丰富的大资本企业吞并。这也是吃人不眨眼的现代商业社会的必然准则。

拿零售业来说，不论是多么有特色的人气商店，只要它的本质是对现有行业做法的一种扩展，其成功经验会立刻被人模仿。因此，一旦同一个行业的大型连锁资本企业进驻，个体店很快就会垮掉。

可是，外行人的做法完全不同。因为根本就什么也不懂，也不可能去模仿所谓的成功模式。就像既没资本也没有技术的我一样，从来就没有要模仿大型企业的想法。所以才能有自己亲身示范、不断体验而摸索出的、不战而胜的原创战略，除此之外，再无其他战术了。

这反而成为可以对抗大型企业的终极武器。因为以普遍的行业常识来看，不仅无法理解，更是无从下手。但唐吉诃德一号店在顺利步入轨道后，成为没有任何人可以模仿的 Only One 商业模式，并一路顺利发展至今。

模仿只是徒劳

那么"行业常识"又是什么呢？只不过是先发制人企业的成功经验。而且越是先发制人的企业，越会拥有巨大的资本与人力资源、压倒性的系统与经验积累。

按照行业常识的话，意味着要与先发制人企业处于同样的战场，并遵守同样的游戏规则来进行战斗。换句话说，行业常识是种"胜者理论",但这并不等于"制胜理论"。因此,后发企业如果模仿先发制人企业,是绝不可能有胜算的。

若是放到日本经济快速增长的时代,那时竞争环境相对温和,也许还有可行性。事实上,日本的零售行业都是通过模仿美国流通行业的成功案例,而一路成长起来的。超市、建材超市、折扣店、便利店、汉堡连锁店……几乎都是这样。

可是,曾经美好的时代早已一去不复返。现有的行业形态由于竞争的白热化,已经处于完全饱和的状态了。在这样的时代中,若再选择加入已经成熟的领域,肯定不可能成功。若是资金不足,恐怕会更糟。所以才说,模仿只是一种徒劳。

假如一开始我去模仿便利店和现有折扣店的做法,或是借鉴其好的地方来经营生意,也许现在早被大型企业吞并,混得好的话,就被一些连锁经营业者收归旗下,担任着哪家店的店长职位吧。

要想战胜大型企业,只能通过打破常规来磨炼自己的特色与原创性,并发挥出前面提到的 Only One 的强项。

那么究竟怎样才能实现这些呢?在今天这样有着成熟经济、消费的时代,对创业者来说,最大的资本不是资金,而是"智慧"。

智慧不同于知识。知识或体验有时反而会成为障碍。智慧这种东西通常会诞生于无拘无束的视角与联想当中。唯有发挥出这样的智慧，才可以战胜专业级的竞争对手和大型企业，成为属于门外汉的最重要的财富。

比如，深夜还在店铺搬运商品的人，因为被顾客误以为还在营业，所以才意识到夜间市场的可行性与潜力，这就是一种智慧。

再比如，因为搞到了大批可疑的尾货商品，又没有充足的放置空间，而不得不满满当当地摆在整个货架上，由此发觉这样反而让顾客觉得有意思，这也是种智慧。

模仿别人绝对不是运用了智慧，如果只是做一些和别人无异的事，那就永远别想战胜大型企业，或者先发制人的竞争对手。可是，一旦运用智慧开始尝试一些有别于他人的做法，那就算是跨出了成功的第一步了。

如何才能摆脱"瓶颈"

智慧要用在何处好呢？自然是用来解决问题了。

在此，我想介绍一下我自己的解决方案。

先回想一下以前的日式清凉饮料瓶。瓶身最细的抑制流量的地方叫作"bottleneck"（瓶颈）。bottle 是指"瓶子"，neck 是其"脖子/颈部"的意思。"bottleneck"也被称为"难以通过的障碍"。

在我的脑海中，一直存在着好几个瓶颈。从这里想去往对面时，走到瓶颈的地方却怎么也走不通。反过来，是要突破了这里，就能一下解决掉问题。究竟应该怎么做才能走出来呢？需要绞尽脑汁，进行层层推敲。

拿我来说，我并不会在短时间内集中去考虑它。而是以一周或者十天左右的时间作为一个时间段，让瓶颈一直萦绕在脑海里。每天想五次或者十次，吃饭或者去洗手间的时候，甚至是走路的时候也会反复斟酌。

这种时候往往最为痛苦。就跟蟾蜍一样明明身上流着黏着的闷汗，还在呻吟着不停思索。

然而，瓶颈总是会在某个瞬间突然突破。

"啊，对啊！就是这个！"

思维激起了火花，紧绷的神经一下子落了地。脑中还能感受到星星点点的火花在分散。我在思考事情的时候，想法就跟气泡一样，经常是忽闪忽现，又即刻消失。所以，才要在脑电波散发出火花时，一把抓住那个瞬间。瞬间就能一决胜负。因此，也不用去记下来。毕竟还没等你写下来，想法就早已逃走了。记下来的速度是赶不上它的。

向别人分享这种感受时，往往不会得到理解。不过，若是对理科生讲，就有人告诉我说"这种感觉跟解开了某个数学难题一样"。其实，我到现在仍然很喜欢阅读《科学》之类的理科杂志、书籍，不知道是否跟这个有关系。

不过，当一想到"总算摆脱了"的时候，有一半的情况是并没有完全逃脱出来，而是走到了一个新的障碍路口。也许说得不够贴切，虽然已经摆脱了一半，但更多的时候却要面临更高难度的瓶颈。

在考虑问题时，最重要的是先看清楚问题在哪里。不然，恐怕连瓶颈本身的样子都把握不了。在搞清楚瓶颈的所在位置后，才可以说已经基本解决了大部分的问题了。

比如那些学院里的人才，都是处于有问必有答的世界。可是在商界，如果不能发现隐藏在背后的瓶颈就危险了。而且，瓶颈每次出现的形式不同，所以相应的答案也不同。有时候需要综合不止一种方法才能得以解决。

总而言之，要去发现别人看不到的瓶颈，时常把这种意识放在脑中，好像我在这方面，跟别人相比会格外突出。我总是让自己坚信，瓶颈的另一头有着天堂、幸福和黄金等着我，所以总想着去战胜它。

在日本武士道/剑道，有着这样一句名言"刀锋之下即地狱，前进一步即净土"（一开始由宫本武藏提出）。通常的解释就是，刀锋相争就如地狱般令人恐惧，倘若拿出勇气前进一步，就能看清那条通往极乐净土的道路。而对我来说，突破瓶颈，就如同这句话所体现的一样。

瓶颈越细，意味着问题越难解决，越容易在绞尽脑汁之后，陷入犹豫不决（找不到答案）的境地。

无论是什么样的决策都会存在风险，尤其是遇到疑难的问题时，就会对风险更加畏惧。我也一样。所以需要"前进一步的勇气"。如此想来，光有智慧还不一定能突破瓶颈。智慧之上，还需要勇气和胆量。

要把"对方"放在主语的位置，而非"自己"

有一个比喻叫作"眼睛的鳞片掉了下来"（源自西方《圣经》中的 The scales fall from one's eyes，形容看清真相、恍然大悟、醍醐灌顶、茅塞顿开）。它的意思是，不知什么原因，突然就看清了事物的本质，从而醒悟过来。

我也是因为自己的生意与经营走到了死胡同，而好几次幡然醒悟，并通过每次转换思维方式来修正自己。在这之中，关键是"站在对方的立场来考虑和行动"。请不要觉得这是"什么呀，毫无新意嘛"。

开始工作后，每个人都会多多少少有碰壁的时候。只要不是特别粗枝大叶的人，都会想着去思索跨不过那个障碍的原因，并进行各种尝试力图解决。但往往不尽如人意。虽然进行了种种努力，却总是不能跨越、突破。

此时，很多时候是因为，总是从一个出发点去考虑解决方法。多次尝试之后仍然行不通，这是因为，虽然想着有所改变和调整，本质上却是换汤不换药，没有任何变化。

不要站在解决问题的立场，而要站在导致问题产生的原因一面，去考虑、联想。就是不要把自己放在主语的位置，而要把对方放在主语上去考虑。如此才会茅塞顿开，逐渐看清曾经忽视掉的东西。

比如，当事业不顺时，很多时候是因为不明白根本原因在哪里。

事业不顺利是指，对方即合作方和消费者，对于自己的事业或者生意的需求度、支持度正处于减少下降的状态。发生这种状况的原因，很多时候只要站在对方的角度认真思考，就能瞬间明了。

所以在工作和商业世界里，才需要时常将"对方"，而非"自己"放在主语的位置。也就是"改变主语"的方法，这是属于我自己的最重要的体验式成功法则。

然而"知之非难，行之不易"，要实行这样的法则并不容易。若不是与生俱来的老好人或者豁达的人，就总会认为世界是以自己为中心在运转，所以很多人眼里都被"我即主语"这样的鳞片覆盖了好几层。

我也一样，在达到这种境界之前，经历了被逼到绝境的、修罗场般的痛苦经验，并用非常强烈的意志去拼命摆脱那样的状况。

卖家的企图总是会被识破

以我自己为例，在刚开始做起生意时，只会从卖家的角度去看问题。因为只想着卖出去，所以才会卖不掉。也因为一心只想着赚钱，所以才怎么都富不起来。也正是因为太过饥渴，才会更容易陷入这种恶性循环。

这就如同那些蹩脚的谐星，越表现得想取悦观众，结果就越笑不出来，反而造成冷场。所以同样地，越是想要卖给别人，就越会给顾客造成一种压力，反而败了他的兴致。

尝过好几次这样的苦头之后，我开始抓不住头绪，有时竟然钻进牛角尖出不来。摆脱掉瓶颈之后，才渐渐地看清楚：卖家那点企图心，其实早就被买家看得一清二楚了。

就好比，"反正也没人知道原价，多赚点也没什么""要不再做一些夸大其词的宣传好了"……如此想要轻轻松松做生意的想法，肯定会被看穿的。就算当时凑巧能赚上一笔，之后肯定会遭到报应的。

如果想说："要是其他店也在卖同样的商品来牟取暴利，那倒是有被看穿的可能，可若是卖一些其他店都没有的特有商品，就没人会知道了吧。"然而，仍然会被看穿。

因为这本来就不能成为理由。不论是店内散发出的不正当气息抑或狡猾的氛围，这些都会一个不漏地笼罩在整个店内，最终肯定会被顾客们看穿的。

做生意要为人正直才会挣得更多

领悟到这一点之后，我便想，要做就做正直的买卖。同时也明确了唐吉诃德所追求的"应当是人气（顾客的支持），而非金钱（营业收入与利润）"。

不可思议的是，决定这么做之后，营业收入和利润却眼看着一路飞升。原本一板一眼所做的买卖，结果却最能获利。虽然我没有在此宣扬商人之道的想法，不过在当代的生意经里，为人正直厚道，才是实效性最高的现实手段。

曾好多次提到，唐吉诃德集团的企业原则就是"顾客至上主义"。我就把"顾客至上主义"定义为，"如果自己是顾客，我会想要什么样的东西呢？然后将其具体体现出来"。

当然，只要是商人，谁都会时不时想着"卖出去""得到更多利润"。但"想为营业收入做点贡献，让商家多赚一点"这种顾客是打着灯笼也找不到的。这样的卖家与买家的不同立场，是永远都不会改变的。

倒不如站在顾客的角度去考虑,"来到唐吉诃德真有意思,感觉赚到了",这才是我们公司的根本态度。也就是转换了主语角色,完全从买方的立场出发进行联想的。

虽说是句玩笑,将主语进行转变的重要性,也不仅停留在与顾客的关系里。

比如,在与竞争对手进行商战等之时,也同样适用。站在对方的角度而非自己的立场,先要想到对手如何出招自己才会陷入困境,换言之就是"他若这么做了,我们可就没招了",一定做到这种程度才有可能从中胜出。像这样对主语进行改变后,在针对竞争战略等方面的想法也会发生质的飞跃。

在上下级的关系中也是同理。不能一直使用上级这个主语,从"居高临下的视角"去考虑"如何管理下属,如何才能让他积极工作",而要将下属放在主语的位置,先好好想一想,"如果是我,我会希望上级怎么对我,怎样才会让我产生工作动力"。

模糊买卖双方的界限

对顾客而言,你越是想要"卖给他",他就越不肯买。所以从一开始就要消除"卖给他"的这种心情。不要想着卖给他,而要站在他的立场,去创造一个"不知不觉就想买的条件"。从

第5章 将不可能变为可能的安田式"打破常规联想法"

创业一开始,我就在店铺现场将这一点学到想吐的程度。

正因为这样,在唐吉诃德才会把卖场称为"购物场地"。店铺不是卖东西的"卖场",而是顾客买东西的"购物场地",这不过是"将主语放在顾客身上"的意识渗透到了一线现场罢了。"购物场地"不单单是一个标题或者语言游戏。我们公司所谓的"购物场地"是一边身在卖方的主场,一边又站在买方的立场才得以成立的概念。

站在买方立场的经济哲学虽然口头上讲出来容易理解,实际操作起来一点也不简单。卖方与买方的利害关系,通常都是相反的。正如所谓的"trade-off"[此消彼长。意思是,在生物的生命历程(life-history)中,由于可供分配的资源有限,特定两个特征(life-history characters)间相互作用,即提高一种特征的优势的时候,另一种特征的优势将降低]的关系。对于顾客而言是好的东西,但不一定会同样有益于店铺(企业),而且往往在很多情况下都是不利的。

即便如此,也应当优先考虑顾客的需求。虽然会增加管理的难度,偷东西的事件也会增加,但还是想办法创造一个让顾客觉得有趣的卖场。

正如密集陈列、POP洪水、丛林式卖场设计一样,它们从卖家的角度来讲,其实是难以实施又特别麻烦的形式。但只要顾客们喜欢就会做,这与"管理更方便"是背道而驰的两个对立面，损失率也只会更高。

不过，一切都围绕买方的需求去做的话，又会忽视掉收支平衡的隐患，如此一来，企业经营的目的也会受到影响。反过来，如果是优先考虑卖家的立场而加强管理的方法，又跟现在的连锁店企业没什么两样了。

那么究竟怎么做才好呢？

答案就是"是不是要模糊买卖双方的界限"。也就是说将自己放在一个一时会搞不清楚，自己究竟属于买方还是卖家的状态之中。

"可以提供什么东西呢？"这样的想法不过是站在卖家立场的理论，不能算是站在了买方的立场。首先要自己站在买东西的角度去考虑"我想要这个"，其次才是思考具体能够做到哪些部分，这正是唐吉诃德考虑"购物场所"的方式。

换言之，不能单单只站在卖家或买方任何一方，而要将相反的两个因素进行融合，使其模糊并保持住美妙的平衡之感。只有做到了这一点，才算做到了顾客本位。唐吉诃德就是这样才产生出了实际的店铺收益。

还要补充一点的是，除了"购物场所"，在同一时间，公司内部还提出了要将"销售所得"与"购物开销"进行语言上统一的方案，不过最终因为与顾客并没有直接的相互关联性，因而被驳回了。

第5章 将不可能变为可能的安田式"打破常规联想法"

多考虑"AND"而不是"OR"

在第四章介绍过的《基业长青》一书里，有一个章节是介绍"拒绝（OR 的抑制），发挥（AND 的才能）"。也可以说是"扬弃"（扬弃是继承和发扬旧事物内部积极、合理的因素，抛弃和否定旧事物内部消极的、丧失必然性的因素，是发扬与抛弃的统一）之意。这是将一个对立的概念放到了一个更高的阶段进行统一，说得再通俗易懂一点，这并非指"有他就没我"，从结论而言，应该是"有他也有我"。举一个再简单不过的例子，好比"便宜又好用"和"又快又正确"。

不管是在同时兼顾了授予他人权利、同多家店铺连锁化的堂吉诃德业务理念"CVD+A"（便捷·便宜·愉悦），还是前面提及的堂吉诃德独特的"购物场所"设置方式，在我看来，这些都是在落实"扬弃"，而且都已经深入到企业内部，成为堂吉诃德 DNA 一般的存在。

说了这么多关于"OR 的抑制与 AND 的才能"，这也确实是个非常形象的表现。犹如揭示了堂吉诃德的本质，第一次看到的时候，就觉得"这个真是深得我意"，佩服得不停地拍自己的大腿。

再回过头看看我一路成长为企业家的历程，我认为这是再合理不过的道理了。事业就不该是二选一，而要经常去想"这个要做成，那个也要做到"。这样的"AND"的想法才可能成功。

人原本不需要觉得两个事物相互矛盾。例如，将糖和盐掺在一起的话，味道反而不错。所以在饮食的世界里"AND"也是理所当然的一种存在。企业经营不也是同样吗？虽然实际上操作起来会有些困难，但也唯有"AND"才是成功的真谛。

二选一原则的"OR"确实更为容易被接受，也具有一定的说服力。因此企业组织当中进行决议时，往往更倾向于"OR"一方。不过采纳这些的往往也是最平庸的企业。成功的企业反而不会根据"OR"的逻辑去二选一的，而是为了实现"AND"一直绞尽脑汁。

也许没有最终的答案，所以不如放弃答案。至少在思索"AND"的过程中，会出现恰好的时机。这种好时机的奇妙之处在于，能创造出精致美味的菜肴。经营和事业也是一样。

我一直认为堂吉诃德的店铺和组织体系都像一个有机生命体。人类这种终极生物，原本不就是由交感神经和副交感神经相互作用来确保健康的吗？这不就是"AND"的世界吗？

按照这个思路，生命体自身不是"OR"而是"AND"，不是吗？而且这个理论也能引申到国家的层面。

第5章 将不可能变为可能的安田式"打破常规联想法"

平庸即死亡

然而，在实际的经营场合中，常常会出现各种各样看似很像样的理论和建议等等。若采纳了它们，基本都会失败。

比如根据统计数据，在所有新兴企业中，能够存续十年以上的也仅有 6.3% 而已。更别说那些超过百亿日元的规模企业所占的百分比了，恐怕还不到万分之一吧。

拼命创建起来的事业，按道理来讲，不是随随便便就能做到的。即便是这样也没能生存下去，大多都是因为完全相信了那些看似像样的理论或方法论，被那些"像样"的话毁掉。因此，越是那些看似像模像样的理论或方法论，作为企业家就越要有所警觉。

我在听我的下属讲话时，要是听到一些像模像样的言论，就会给他拉响警钟："不对，你等一下。"像他们这些人，往往只看到了事物美好的一面。所以才会讲得头头是道。

这也可以说是"OR"的陷阱吧。总之，如果要选择安逸的"OR"形式，就会朝那些看似像样的方向靠近，结果只会走向失败的境地。以平庸的方案开始，又以平庸的失败结束。社会上这样的案例比比皆是。如果是在整体经济一路飞升的时代，还可以这么"不算好也不算坏"。然而当市场已经有所缩小时，若再选择平庸地出发，无疑意味着死亡。

企业也需要细胞凋亡

稍微换一个话题，通常而言，最适合个人的东西很多时候并不一定也适合于整体。

之前也提到过好几次，唐吉诃德从卫生纸到超级大牌，拥有全品类的商品阵容。但卖场面积还不到GMS（综合超市）的1/5甚至1/10，因此总是没有办法固定住各类卖场区域，而需要时不时地进行"新陈代谢"调整。

于是，就会发生这样的问题。以服饰区的负责人为例，肯定是想保住现有卖场区域（空间），一直销售自己所负责的商品。另一方面，从考虑店铺整体收益的角度，一旦换季，就该尽快处理掉服饰存货以便腾出空间，让位给食品类商品。

换句话说，这就是由于把授权于个人放在了首位，才导致难以达成整体上的最佳策略。为了对其进行调整，从店铺到业务部（商品部），都进行了各种各样的决议和约束，但仍然无法判断是与非，结果只能以前面提到的"没有正确答案的世界"收尾。

这种时候最需要的就是生物学上所说的细胞凋亡（英文apoptosis，指为维持内环境稳定，由基因控制的细胞自主地有序地死亡。细胞凋亡与细胞坏死不同，细胞凋亡不是一个被动的过程，而是一个主动过程，它涉及一系列基因的激活、表达以及调控等作用，它并不是病理条件下，自体损伤的一种现象，而是为更好地适应生存环境，主动争取死亡的一种过程）。所谓细胞凋亡，是指生命个体的正常细胞进行自我死亡，然后被新生细胞代替的现象。如果不能进行细胞凋亡，反而一味地自我繁殖下去，就成了癌细胞了。

企业也一样。如果只追求个体主义，就会发生癌变，侵蚀掉整个企业。这样可不行。但若因为这个原因，而不再放权给到个体，组织就没法实现活性化。这才是终极的"AND"世界，对我们来说，也是着实令人烦恼且永恒的课题。

为每一个个体赋予主权与独立的机制，是绝对不可或缺的要素。另一方面，也需要尽力保持整体的和谐。

在我们公司，原则上会确定出一部分核心框架（各卖场布局）。在这种情况下，每个个体要想实现好的成果，必然会采取密集陈列的形式。通过促成相互间的竞争关系，在每个人的区域中都会无缝隙地进行商品陈列。

话虽这么说，但若是放任个体单独行动，将会引发癌变的隐患，所以需要从保证整体最优的角度去进行控制。因此，我们公司的做法难度也很大。在其他公司看来，也许不可理解，所以才能一路脱颖而出吧。没有人能进行模仿的东西，也意味着形成了压倒性的进入壁垒（英文 Barriers to entry，是影响市场结构的重要因素，是指产业内既存企业，对于潜在进入企业和刚刚进入这个产业的新企业，所具有的某种优势的程度）。

正如之后会有所介绍的，在我正负责的海外事业推进中，也打算降低开店的难度。然而这么一来，降低的操作方式恐怕又会让人无法理解了。毕竟只要是追求"AND"，除了不断试错，再没有其他选择了。

总之，我一直把企业当作森林般的生命体来看待。为了成为一片健全的森林而维持生命，有时也需要去消灭部分草木。如果做不到这样的细胞凋亡，无论是森林还是企业都终将走向衰退。

为了让唐吉诃德以唐吉诃德的名义维持生命，并永久地繁荣下去，我个人的引退决定其实也是细胞凋亡。

运气中的杠杆原理

虽然我有着超出常人的不服输意识，但其实失败的次数也超出常人一倍以上。尽管如此，失败了那么多次却没有遭遇过大败，才能一路走到现在。

生意场中的一决胜负，并不像棒球或者足球比赛一样，以一分之差就能决定胜负。即并不是凭一次比赛，就能定胜负的那种竞技类游戏，而是全凭相互之间分数（得失分）不断累积的一种无止境游戏。

因此，只要"很多都是小小的失败（输）"和"为数不多的大获全胜（赢）"就好了。只要大获全胜带来的加分能够远远抵消小小失败所造成的扣分影响就好了。

不过，在实际情况中往往十分艰辛。这是因为人们往往只对"失败"敏感，对"成功"的反应却相当迟钝。

比如，如果生意上发生了五十万日元的损失。因为人们对失败极为敏感，所以很容易意志消沉、后悔不已，并拼命想做出挽回。

可是在能够挣到上百万日元，却只挣到五十万日元的情况下，很少有人会在此时从心底后悔"只赚了五十万日元，真是亏了"。更多人反而会认为"反正总归还是赚到了五十万日元，应该知足了"。

这样是不行的。应得的果实没牢牢把握住，气得在原地跺脚的人才是真正强大的玩家/冒险家。

进一步来讲，"现在的我靠着这股冲劲至少能拿个上百万日元，说不定照此下去还能赚到两百万甚至三百万日元。究竟该怎么做才能获得更大的成功呢"，会这么去琢磨的人，是对于制胜敏感且贪得无厌的人，才有可能在商业世界获得巨大成功。

成功的企业家们在新闻、杂志、电视台等采访当中，被问到成功的理由时,经常会回答"只是因为运气好罢了"等。同样的问题若是问到我,我差不多也会这么回答。

可是,包括我在内的所有人,其实心里并不这么想。大家心中一定是这么认为的。

"运气好也是事实,但能把运气拉到身边,还能将它灵活运用起来才是我的实力。"

如果直白地讲,往往会给人一种过于桀骜不驯的不好印象,会招到不必要的误解或嫉妒。所以才会用"运气好"这种保准不出错的答案。

我一直觉得,在运气的总和方面,人与人之间的差距其实并不明显。现实当中也的确有着运气好的人和运气不好的人。差别在于如何去使用这些被赋予的运气。

即运气好的人,是"会用运气的人";运气不好的人是"没用好运气的人",或者说是"不会用运气的人"。也就是说,运气本身没有差别,结果却不尽相同。所以最难的还是使用运气的方式方法。

那应该如何"好好利用运气"呢?通常如果能够渡过危机(坏运气),之后便会迎来幸运。危机越大,越可能蕴藏着与危机成反比例的、更大的幸运。

所以这个时候,就要"顺势而为(可以发挥优势的好时机到来时,做什么都会如鱼得水般顺利)",把引擎全部打开,开足了马力去发挥杠杆效应,将这样的好运气往往会筑成更大的好运。

不幸时的最小化和幸运时的最大化

但凡有一些能力的人,虽然巧拙有素,都还是能渡过危机时刻的。可是对此过于全情投入,或是因为这样的危机产生了心理阴影,导致幸运来临时,却已无力把握住的案例大有人在。

如果不幸与幸福交替着出现,最佳的策略应该是将不幸维持在最小程度,而把幸运得到最大化的实现。怎样才能做到呢?

从结论而言,只有将幸运最大化,才有可能实现不幸的最小化。因为做不到这样,所以才需要尽早绞尽脑汁地在不幸来临前,考虑到各种措施。

就算是漫漫人生路上,也不会频繁遇见强大的时机(幸运)。我还是要着重强调,唯有此时更要不顾一切地、带着哪怕能有一点点突破也好的念想,去竭力实现突破。像这般力图实现幸运的最大化,紧接着就会引导出下一份幸运。

运气不佳(所谓)的人,总是在机会来临之际,不加以利用,反而在运气不佳之时拼尽全力,从而因为徒劳的挣扎,招来更多的不幸,陷入一种恶性循环。

而且在不幸的连锁反应中,最坏的情况是,明明机会已经来到了身边,却没有丁点要抓住它的意识。

这些都是在商业学院中绝对学不到的东西,在机遇到来时(幸运之时)不能敏捷地做出反应的人,要比那些在没有机会时(不幸之时),不能采取适当措施的人更为不幸。

暗无天日时就要做出"局势"判断

走运的时候就要狠下心来全情投入一举拿下。可到了不走运的时候或是不知所以的时候,就要静下心来忍住什么也别做,一味保持保守姿态才是良策。暗无天日时的无谓挣扎,十有八九终归是徒劳,往往还会招来更坏的形势。至少这种能屈能伸/可进可退的处理方式,才是我人生当中最大的成功经验。

不顺的时候要表现出"甘于忍受"和泰然自若的姿态,并一边冷静沉着地观察、分析形势,一边避免鲁莽的行动。如此,希望之光和取胜之机便会自然而然浮出水面,向你走来。用游戏语言来讲,就如同等待对手打出一记乌龙球。

像这样有意识地控制自己的行为,被我称为"观察局势"。至少对于经营者而言,我觉得"不会看局势的人不能算是一流人才"。事实上在商业世界,也存在"看清局势就能等来好运"的规律。总之,"看"就是指"静静地仔细观察"。

唐吉诃德自一号店创业以来,经历过三次泡沫经济与经济破裂阶段。在如此激烈沉浮的经济环境中，锤炼了我们公司，在这段时间，仍然一路保持着收入利润双双提升的成长脚步。将这变为现实的最主要因素就在于，这里的"观察"的姿态。

在第二章也提过，我在这之前的泡沫经济时期正是"看清了局势"才一直未出手，反而在泡沫破裂后，一改之前的态度，拿下了不少店铺不动产和土地资源，或是积极地参与到企业的M&A当中。至少可以说，正是因为如此唐吉诃德才发展到今日吧。

总而言之，成功人士与失败者的区别之处，就是能否具备"看清局势"的能力。这也是我通过自己的经验领悟到的最大的教训。

放弃一千两，再战一万两

有句话叫作"千金难买果断"。原本这是股票领域的一句格言，简单来说就是这个意思。在被动的形势下，如果还想着尽量挽回损失，反而会造成更大的，甚至致命的伤害。此时只能选择放弃，即撤退。这样的果断，等同于一千两的价值。

比如在进行股票投资时，所买的股票下跌了。因为人们总是会本能地讨厌发生损失这件事，所以即使在贬值，大部分人也宁愿继续持有股票不肯作罢，想要一直等着股票回到原来的价值。这种状态就叫作"股票套牢"。

可是,首先并不存在被套牢的股票,会在短时间内反弹回到原始股价的案例。而在这段时间,还有其他潜力股在不断出现,投资资金却因为被股票套牢而无法被利用,赚钱的机会眼睁睁地就这么跑掉了。这就是股市外行人的典型行为。

那么,要怎么做才能通过股票赚到钱呢(至少也要保本)?提前做出决定,要在发生了一定损失时,无一例外地立刻卖掉股票。这也被叫作"止损""止蚀/斩仓/割肉原则"。

要敢于通过"止损"挽回部分资金,再投入到另一个潜力股上。如果后者升值,那就真的是"千金难买果断"了。不管怎么说,能否做到这一步,也是最能体现职业股票人与外行人的技能差异之处了。

工作或人生也是一样。越是希望充满挑战性人生的人,自然会做出越多的尝试。因此,失败的次数也会更多。可是失败并没什么大毛病。最重要的是,失败的时候该如何去做了断。即发挥"千金难买果断"的精神。

什么样的情况才算失败,提前明确出其定义也很重要。就是在工作或人生当中,明确出自己的"止蚀/斩仓/割肉原则"。如果自己心中能够理清楚这个原则,就完全不需要畏惧任何失败了。然后再开始下一轮的挑战即可。

经常会听人说"成功的策略"之类的话,要让我说的话,成功不过是在成功之后才能得出的结果论,所以写出这种策略完全没有任何意义。唯有失败才有必要留下"失败的策略",作为判断是否需要放弃的参考标准。

尤其是在那些高水平的工作挑战上,正如在冬天要登上难度超高的山峰一般。世界上有不少这样危险的山峰,十次当中有一两次能够爬到山顶就相当厉害了。很多时候即使山顶就在离眼前不远的地方,也不得不做出"勇敢地撤退"的决定。如果登山者做不出这样的决断,恐怕早晚会遭遇不幸。

不论是止蚀原则,还是失败的定义,又或是策略制定,全都是为了再一次的挑战而存在的。再次回到挑战的地方,才能走向成功。也就是放弃一千两,再战一万两。

再没有比工作更让人开心的游戏了

"请把工作当作 game(游戏),而非 work(干活)来尽情享受吧"——这是《源流》的员工第十项心得·行动规范中的条款内容(第八条)。我从心底认为,在我的人生当中,再没有比工作更让人开心的游戏了。

天生就爱游戏的我,年轻的时候研究过各种各样的赌博竞技,从中总结到的就是下面这些了:

赌博当中有一些是绝对赢不了的项目。最具代表性的就是赛马、赌博性的自行车比赛、游艇赛之类公营的赌博项目。这是一种会被扣除25%抽头费的、绝对亏本体系，至今还没有哪个天才能打破这种局面。大概以后也不会出现吧。赌场里的赌博也赢不了。不管是公营赌博还是赌场里的赌局，甚至是弹子房或自动老虎机之类的产物，说到底都是个人与营利组织之间的搏斗。日本中央赛马会、拉斯维加斯的巨型赌场、老虎机会馆都是名门企业，单枪匹马去跟这些组织发起挑战，从一开始就不会有什么胜算。

另一方面，像麻将或扑克牌这类抽成更低的对战游戏，因为是以坐在面前的人类为对手，所以会有绝对不会输的方法。那就是，常常去跟比自己水平更差的人对战。遵守了这个原则的话，其实是有可能持续稳赢下去的。如此，只须同时不断地通过磨炼来提升自己的技艺。

先不说赚钱和生计了，赌博肯定是人生乐趣当中效率最差且风险最高的项目了。

与其一直沉迷于这样的事物，不如选择一种更现实、更加令人兴奋、人生道路上完成度也更高的赌博项目。那就是将工作转化为一种游戏。这可是出自我这个"身经赌博百战"的人的话，自然不会假。

在工作这种游戏里，通过取胜、成果所带来的喜悦与满足感，是渺小的赌桌上所赢到的东西无法相比的。而且，游戏的乐趣就在于其过程。所以将对工作的理解从干活转换为游戏后，这世上的懒人就瞬间消失不见了。这些都在第二章里有过详细的介绍。

"人"是无法看透的

在说过"运气"后，我想再介绍一下"人"这个话题。

在我人生中所经历的各种场合下，我认识了数不清的人。至少我所阅历过的人数和多样性绝不会落于人后。我得出的结论是，"最终，人还是没法看清任何人"。

就连作为神之子的耶稣基督，也被12名弟子中的一人背叛，而遭受了被钉在十字架上的处罚，我们这样的凡人，就更加无法轻易看穿别人了。

尽管如此，我们不论是在工作，还是在私下的多数场合中，都不得不在初次见面时，就对别人进行一定的判断，并考虑如何应对。

如果是"虽然不熟悉也要考虑如何应对"，首先就要意识到并正视这种"不熟悉"的事实，在之后也要保持"绝对是看不清的"这种积极的审视态度，这样才不失为一种良策。

但我自己也是直到三四十岁，还认为"都已经见过也相处过、与这么多人物告别过了，今后应该能够在一定程度上养成一种瞬间看透别人的能力吧"。然而之后我才明白，一切都不过是场错觉和幻想。

的确，经过不断积累经验，栽过不少跟头后，看人的精度多多少少会有所提升。可也只是这样而已，像是预期之外的、被人利用和背叛之类的事情，仍然不会减少。该发生的还是会发生。

结果只有"时间的考验"，即经过一定的时间，慢慢鉴别人内心的真伪，才是唯一可行的评估、判断方式。经验和资历这种东西，就算时间稍微缩短一些，也还是有参考作用的。因此，单凭第一印象就觉得对方是很厉害、很有魅力的人，反而越这么想越容易发生言过其实的评价，完全相信印象绝对是一大禁忌。

当然，如果第一印象能与经过时间考验后的结果保持一致，那再好不过了。只是往往事与愿违。此时，需要勇敢、冷静地优先看待时间考验后的结果，并以此作为判断依据。

举一个容易忽视时间考验的例子，就说说男女关系吧。正如"自从第一次见到对方的那天起"这句话一样，男女之间的恋爱很多时候都是被第一印象（通俗一点说，是"一见钟情"）左右的，总是无视时间考验这件事。

毋庸置疑，这种印象最终都是交给命运去决定，遗憾的是，往往多数都是不欢而散。我也是如此。有时还不仅仅是心里苦涩，简直就是痛彻心扉。

如果我可以带着大半生的经验，再次回到自己的二十多岁时，无论遇见多么令人心动的女性，都一定会先经受住时间的考验，再开始交往。对方也一定希望能有时间上的考察吧。因为想要把"心动"这种人类特有的丰富情感，以及被不幸的结局击倒的风险都一一控制在最小范围里。

当然这种考虑和方法，不仅限于男女关系，还可以有效运用到工作环境里的人际关系、招聘活动中。比如招聘"实习生"这件事。我觉得这正是非常优秀的一种制度，能够让企业与学生双方进行时间上的相互考察。

需要再次强调的是，"人是无法看清别人的"。所以才会需要时间上的考验。无论是对朋友、熟人、恋人，甚至同事、下属、上级，一旦人们无视这种时间上的考验因素，就会瞬间对人际关系产生错误的判断。同时，这里所提到的时间考察的期间（当然根据接触的密度、频率以及关系会有所不同），通常指三四个月到一年左右为宜。

成为善用距离感的高手

我认为，在与别人的相处当中，你会看到自己真正的好与坏。除了关系外，人生也是一样，如何与人相处、接触、保持怎样的关系,这都是行走于现实社会中最大的课题。

总之,不论是在和不同性格的人,还是不同职业的人打交道时,都要时常"保持着一定且适当的距离感",这才是成功之道。换句话说,"如何善于保持距离感地与人相处,也能从侧面反映出这个人的人生充实程度"。

我在这里想要强调的是,拿捏"距离感"的重要性。原本距离感这种东西,是会根据场合和状况而完全不同,而且时刻都在发生变化。而且自然不能盲目地相信别人,也不能完全否定地不信任、猜忌别人。也就是,不能单纯地把人归类于"好人""坏人"两个极端。

反过来,在现实当中,人其实处于既不是完全白,也不是完全黑的灰色地带,而且这种立场,还会随着所处的状况与时代(时期)、年龄、所接触的人物不同,而发生变化。因此,要看清楚自己是处在对方浓淡色调中的具体哪一个位置上,时常以此调整适当的距离,并找到一个确切的衔接点,才最重要。像这样去考虑如何形成自己独特的人际关系处理方式,我觉得才是人生最大的乐趣,也是能否丰富人生的关键因素。

话说回来,庄子曾经一语道破了"君子之交淡如水"这句名言。这是指君子在与人交往时,就像水一样淡而无味,所以这样的友情(关系)才不会发生变质。这里作为君子的为人处世之道,即"淡如水",可以将其理解为我所说的距离感。

我虽是大型格斗竞技的热衷粉丝，但看到历代拳击名人、著名冠军时，才发觉他们都是"距离感方面的高手"。

当然他们也都具备异于常人的出拳力度、招数、速度。可是这样的选手随处可见。那么，能将普通的拳击手与他们区分开的决定性差异是什么呢？那就是距离感了。也就是，能否时时把握住自己的出拳距离，可以打到对方、又不至于接触到对手所出的拳。

经营与做生意，甚至人生中的挑战也是如此。希望你能把成为处理"人际关系"的高手作为自己的目标来对待。

末 章

感谢波澜动荡的唐吉诃德人生

真正的 CEO 是《源流》

2015 年 2 月 5 日，在唐吉诃德控股举行的期中决算发表会上，我发表了个人的引退决定，宣布自己将在经营一线抽身而退，在该期期末（6 月 30 日）时，将正式退任 CEO 一职，并辞去在日本国内集团中所有公司的董事职务。如今我的职务是"唐吉诃德集团创业会长兼最高顾问"。这不过是没有代表权，甚至算不上董事会成员的所谓"名誉职位"。

我们公司的 CEO 一职交接给了后继者大原孝治。但这也只是企业法意义上的 CEO 交接。我们公司其实有凌驾在这之上的，真正的 CEO。

那就是企业理念集《源流》。

《源流》的初版是于 2011 年 4 月在公司内部正式发行的，两年半以后的 2013 年 9 月，又发行了修订版的《源流》。

我可以说使出了浑身解数，将"经营者安田隆夫"的 DNA 全部塞进了《源流》里，希望能够包含我的所有真知灼见。此时，创业经营者安田隆夫作为个体已经消失了，我更自负地认为，我已经将其升华为一种纯粹的理念、热情与经验，而转移至《源流》当中了。实际上，在《源流》发行之后，我自己就将《源流》比作 CEO 了，而且会忠实地根据上面指导的内容，进行经营活动。

只要能彻底通读《源流》，将其融入自己的血液里，并实践到业务当中，任谁都能成为唐吉诃德的经营者。于是乎，就能不断涌现出第二个、第三个甚至更多的"安田隆夫"。如果这些人能在自己所擅长的领域，好好发挥团队作用，应该就能创造出最强的唐吉诃德集团吧。而CEO只需要贯彻其汇总的作用即可。

值得一提的是，在《源流》中的《新一代领导者的十二条心得体会》第五条里，写有"主动放下自己的权限，授予下属"。这条心得的适用对象没有任何例外。我也要严格遵守，所以决定勇敢引退。

话虽这么说，我却是个天生的"工作狂"。虽然不是什么了不起的事，要问我最大的兴趣是什么，我肯定会说"工作"。坦率来讲，无论何时何地，我都没有受过工作所带来的痛苦。

所以才对社会发展做出了些贡献。也因为这样，才觉得不能抓住现在的工作紧紧不放了。在这本书的一开始也提到过，我可不想成为"高龄的阻碍因素"那样的当事人，就连想象自己处于那样的情况下，都不禁要打寒战。

今后关于唐吉诃德在国内所有的集团业务，只要不是太过突出的案例，我都不打算进行过问和插手。

取而代之的，我将专注于：我们集团尚未怎么出手过的，还正处于基础设施建设阶段的海外业务。为此，我特意调到新加坡的专属办公室。引退后的我，基本上会留在海外继续生活和工作。

用一句有些居高临下的话来说，因为我是考虑"今后想从地球这个更大的视角去守护唐吉诃德，全力进行后援"。

另一个在退任之后，希望专心投入的就是安田奖学金财团①的活动了。该财团的主要目的是通过向在日留学的优秀东南亚学生提供奖学金支持，培养国际人才的同时，促进与这些国家的友好亲善关系。

我虽然担任理事长一职，但眼下由于业务经营这项主业，而忙得不可开交，所以实际上的运营工作还是主要依赖于员工。不过今后我希望，能全面地、更高水准地将其培养成能够为国际社会做出真正贡献的代表性财团组织。

另一个悄声抱怨"还不够"的我

日本男性的平均寿命为 80.5 岁。这个平均数里面也包含一些早逝的人，所以如果一个人能够活到 60 岁，那么他的平均寿

---

① 公益财团法人·安田奖学金财团于 2005 年 12 月成立。该财团主要通过笔试、面试来选拔来自海外的在日留学生，每月会无偿提供 15 万日元的奖学金（无须偿还/可随意使用）。目前已有 54 名获奖在校生，115 名毕业生。

命其实要在 85 岁左右。我现在是 66 岁，所以若能保持平均水平，应该余生还有 20 多年。也可以说这就是我"最后的二十年"了。

如果能在这最后的二十年，让自己过得幸福和充实，从某种意义上来说，这才是人生的奇妙之所在，不是吗？其实就是这最后二十年的生活方式和生活状态，我觉得才能算是人生的最后清算，而不只是老年生活。

于是我离开了多年来一直亲密无间的组织，生活空间也从日本转移到了海外，由此步入了第二个人生新阶段。如果顺利，我将迎来丰富多彩的"最后二十年"。

不过，这样的角色转换并非如此简单。

"序章"时也提过，我是一个嫉妒心超出常人、欲望与不满都非常强烈、饥渴程度也超高的人。我将这些作为能量的源泉，填满理想与现实之间的巨大差距，不顾后果地拼命工作，才得以疾奔向前，一路走到现在。而且就在终于决心要勇敢退出的五年以前，我才开始意识到，再不调整就不行了。

人们往往意识到不足的部分（不满），却总是意识不到自己拥有的东西（满足）。冷静下来一想的话，至少对于现在的我来说，比起不足的部分，已经拥有的东西更多。这原本是件难得的事情，要心怀感激才对。

尽管如此，我心里面仍然住着另一个我，他在悄声埋怨着

"还不够"。如果不将其抑制住，自己亲自征服自己，那就不要再想什么要成为人上人之类的了。也就是说，自己能否在内心深处与自己进行对话，从心底牢记住这份感激、幸福、充实和收获，极为关键。当然此时，金钱、地位、名誉之类不会有任何意义。

现在的我虽然脑子里是这么想的，但内心与身体仍然没有完全醒悟过来。真希望我到70岁的时候，可以达到这种境界。

唐吉诃德不太适合世袭制

我在退任时，总有人问我："为什么不考虑世袭呢？"在此，我想坦率地说出我对世袭制经营的想法。

首先，我并没有否定普遍存在的世袭制经营方式。但是，对于以授权为宗旨，并依赖于各种人才自由地发挥实力，才得以成功的唐吉诃德而言，世袭制确实不太适合。

能够成为大型企业经营高层的人才，以概率来说，一千个人里面能出一个就不错了。我若是有一千个孩子，至少有一个能成吧，而实际上我只有四个孩子，所以概率不过是1/250。也就是说，世袭制对我而言，太不现实了。

倒不如将自己公司里的员工视同自己的孩子。事实上，我也确实将员工看作自己的孩子。在现在的干部人员中，每个人都是从几百上千人里，经过优胜劣汰而成长起来的，从中找出后继之人自然不是什么难事。

在企业经营过程中，强权是不可或缺的要素。将CEO放在万人之上的经营者，能够做到中央集权是再自然不过的事。放到战场上，若带头的将军缺乏绝对的权力与指挥权，就根本无法战斗。

将企业员工当成自己孩子的话，不需要世袭制经营

不过，权力与权威是两种似是而非之物，需要进行清晰的区分。就好比权力，一旦发生军事政变之类，就会在一夜之间失去它，轻而易举地被夺走。与此相对的权威，却无法在短时

间内酝酿而成。也因为如此,不可能一夜之间就被夺去。

既是创业者也是大股东的安田家族,我觉得明确权威的存在,是自己应该肩负的责任。然而,我并不需要权力这种东西。

话说回来,我一直认为日本的创业者正是天皇家族。天皇家族虽然没有政治实权,却具备了最高的权威与品格。当然,这么说并不是因为要拿它去和唐吉诃德、和我做比较,我也完全没有一丝不敬、不逊之意。我只是希望有一天能够成为那种形式的存在。

总而言之,应当将创业者的立足点与事业集团的经营进行分离,这也是我一直以来的主张。只要这种体制得到确立,就不大可能发生社会舆论中常说的,那种上市企业里低劣又无耻的内部纷争(原著中的"御家骚动"是日本江户时代的大名家因家族继承、争夺权力等而引起的内部纷争。在现代被用来比喻企业、家族等的内争)。

唐吉诃德,我的孩子

我还时常听说,在欧美国家,很多创业经营者都决定把自己的公司卖给基金等组织,以追求快乐的退休生活。但这是我无论如何都理解不了的行为。

对我来说,唐吉诃德就像自己经历了剖腹之痛而生,并含辛茹苦养大的孩子一般。这样的孩子好不容易成长为可以独当一面的大人后，却为了换取金钱，将其转让给一个根本不认识的人，这种想法我无法理解。

我就算到死，都不打算把所持的任何股票抛售到市场当中。因为我只想维持住企业的资本价值，从另一个方面去守护和支持它，使其永远长盛不衰。这于我，是最大且唯一的行使权威的方式，同时算是一种贡献。

只有在唐吉诃德陷入了关系到企业存亡的危机之时，我才会毫不犹豫地出来进行救济。

不管怎么说，作为大股东的我，已经宣布不会放弃手中的持股份额，唐吉诃德也就不可能变成基金、同行业其他企业等的M&A、TOB对象。我也绝对不想让毫不相干的外部资本、"职业经营者"来插手管理和统治员工。

墓志铭是"感谢"

最后请允许我多说几句，先前在某本杂志的富豪排行特辑中，我被放到了日本国内前十几位的排名位置上，因而引起过一番评论。说实话，这让我实在有些困惑。

该杂志中记载了我的资产中九成以上，都是源于我们公司的股份，也就是唐吉诃德控股的持股股价（市值）。这些股份我已经在公司内外都明确说过了，我是到死都不会卖掉的。这对于我来说，是永远无法兑换成现金的资产，即"虚拟货币"。换一种说法，就好像那些大户农家、百年老店不会卖掉从祖祖辈辈继承过来的土地一样。这样的土地无论被定到多高的价格，因为不会卖（也不能卖），所以再高的定价都是毫无意义的。

如果有传承了我 DNA 的安田家族成员，能够具备与此相符的名声和人品，并磨炼出一定的品格，希望他们今后在参与唐吉诃德的工作时，也能做到如字面意思的"君临天下不治民"。

三年半前，我在东京都内某处新建了自己的墓地。在写着"安田家"三个大字的墓碑右下角，还刻上了小小的两个字"感谢"。

这"感谢"二字里充满了我的无限思绪。

这不仅是对我到这个世上，照顾过我的所有人的衷心感谢，也是对波澜动荡之下，对自己的天命表示深深的谢意，感谢他帮我实现了充实的人生和工作经历。我也希望将这份心情传承给安田家世世代代的子孙们。

最后，对于能把这本书读到最后的所有读者，表示衷心的感谢。在此，让我结束这本书吧。

关于"服务的细节丛书"介绍：

东方出版社从 2012 年开始关注餐饮、零售、酒店业等服务行业的升级转型，为此从日本陆续引进了一套"服务的细节"丛书，是东方出版社"双百工程"出版战略之一，专门为中国服务业产业升级、转型提供思想武器。

所谓"双百工程"，是指东方出版社计划用 5 年时间，陆续从日本引进并出版在制造行业独领风骚、服务业有口皆碑的系列书籍各 100 种，以服务中国的经济转型升级。我们命名为"精益制造"和"服务的细节"两大系列。

我们的出版愿景："通过东方出版社'双百工程'的陆续出版，哪怕我们学到日本经验的一半，中国产业实力都会大大增强！"

到目前为止"服务的细节"系列已经出版 105 本，涵盖零售业、餐饮业、酒店业、医疗服务业、服装业等。

更多酒店业书籍请扫二维码

了解餐饮业书籍请扫二维码

了解零售业书籍请扫二维码

"服务的细节" 系列

《卖得好的陈列》：日本"卖场设计第一人"永岛幸夫
定价：26.00 元

《为何顾客会在店里生气》：家电卖场销售人员必读
定价：26.00 元

《完全餐饮店》：一本旨在长期适用的餐饮店经营实务书
定价：32.00 元

《完全商品陈列 115 例》：畅销的陈列就是将消费心理可视化
定价：30.00 元

《让顾客爱上店铺 1——东急手创馆》：零售业的非一般热销秘诀
定价：29.00 元

《如何让顾客的不满产生利润》：重印 25 次之多的服务学经典著作
定价：29.00 元

《新川服务圣经——餐饮店员工必学的 52 条待客之道》：日本"服务之神"新川义弘亲授服务论
定价：23.00 元

《让顾客爱上店铺 2——三宅一生》：日本最著名奢侈品品牌、时尚设计与商业活动完美平衡的典范
定价：28.00 元

《摸过顾客的脚才能卖对鞋》：你所不知道的服务技巧，鞋子卖场销售的第一本书
定价：22.00 元

《繁荣店的问卷调查术》：成就服务业旺铺的问卷调查术
定价：26.00 元

《菜鸟餐饮店 30 天繁荣记》：帮助无数经营不善的店铺起死回生的日本餐饮第一顾问
定价：28.00 元

《最勾引顾客的招牌》：成功的招牌是最好的营销，好招牌分分钟替你召顾客！
定价：36.00 元

《会切西红柿，就能做餐饮》：没有比餐饮更好做的卖卖！饭店经营的"用户体验学"。
定价：28.00 元

《制造型零售业——7-ELEVEn 的服务升级》：看日本人如何将美国人经营破产的便利店打造为全球连锁便利店 NO.1！
定价：38.00 元

《店铺防盗》：7大步骤消灭外盗，11种方法杜绝内盗，最强大店铺防盗书！
定价：28.00元

《中小企业自媒体集客术》：教你玩转拉动型销售的7大自媒体集客工具，让顾客主动找上门！
定价：36.00元

《敢挑选顾客的店铺才能赚钱》：日本店铺招牌设计第一人亲授打造各行业旺铺的真实成功案例
定价：32.00元

《餐饮店投诉应对术》：日本23家顶级餐饮集团投诉应对标准手册，迄今为止最全面最权威最专业的餐饮业投诉应对书。
定价：28.00元

《大数据时代的社区小店》：大数据的小店实践先驱者、海尔电器的日本教练传授小店经营的数据之道
定价：28.00元

《线下体验店》：日本"体验式销售法"第一人教你如何赋予O2O最完美的着地！
定价：32.00元

《医患纠纷解决术》：日本医疗服务第一指导书，医院管理层、医疗一线人员必读书！ 医护专业入职必备！
定价：38.00 元

《迪士尼店长心法》：让迪士尼主题乐园里的餐饮店、零售店、酒店的服务成为公认第一的，不是硬件设施，而是店长的思维方式。
定价：28.00 元

《女装经营圣经》：上市一周就登上日本亚马逊畅销榜的女装成功经营学，中文版本终于面世！
定价：36.00 元

《医师接诊艺术》：2 秒速读患者表情，快速建立新赖关系！ 日本国宝级医生日野原重明先生重磅推荐！
定价：36.00 元

《超人气餐饮店促销大全》：图解型最完全实战型促销书，200 个历经检验的餐饮店促销成功案例，全方位深挖能让顾客进店的每一个突破点！
定价：46.80 元

《服务的初心》：服务的对象十人百样，服务的方式千变万化，唯有，初心不改！
定价：39.80 元

《最强导购成交术》：解决导购员最头疼的 55 个问题，快速提升成交率！
定价：36.00 元

《帝国酒店——恰到好处的服务》：日本第一国宾馆的 5 秒钟魅力神话，据说每一位客人都想再来一次！
定价：33.00 元

《餐饮店长如何带队伍》：解决餐饮店长头疼的问题——员工力！ 让团队帮你去赚钱！
定价：36.00 元

《漫画餐饮店经营》：老板、店长、厨师必须直面的 25 个营业额下降、顾客流失的场景
定价：36.00 元

《店铺服务体验师报告》：揭发你习以为常的待客漏洞　深挖你见怪不怪的服务死角　50 个客户极致体验法则
定价：38.00 元

《餐饮店超低风险运营策略》：致餐饮业有志创业者 & 计划扩大规模的经营者 & 与低迷经营苦战的管理者的最强支援书
定价：42.00 元

《零售现场力》：全世界销售额第一名的三越伊势丹董事长经营思想之集大成，不仅仅是零售业，对整个服务业来说，现场力都是第一要素。
定价：38.00 元

《别人家的店为什么卖得好》：畅销商品、人气旺铺的销售秘密到底在哪里？到底应该怎么学？人人都能玩得转的超简明 MBA
定价：38.00 元

《顶级销售员做单训练》：世界超级销售员亲述做单心得，亲手培养出数千名优秀销售员！日文原版自出版后每月加印 3 次，销售人员做单必备。
定价：38.00 元

《店长手绘 POP 引流术》：专治"顾客门前走，就是不进门"，让你顾客盈门、营业额不断上涨的 POP 引流术！
定价：39.80 元

《不懂大数据，怎么做餐饮？》：餐饮店倒闭的最大原因就是"讨厌数据的糊涂账"经营模式。
定价：38.00 元

《零售店长就该这么干》：电商时代的实体店长自我变革。
定价：38.00 元

《生鲜超市工作手册蔬果篇》：海量图解日本生鲜超市先进管理技能
定价：38.00 元

《生鲜超市工作手册肉禽篇》：海量图解日本生鲜超市先进管理技能
定价：38.00 元

《生鲜超市工作手册水产篇》：海量图解日本生鲜超市先进管理技能
定价：38.00 元

《生鲜超市工作手册日配篇》：海量图解日本生鲜超市先进管理技能
定价：38.00 元

《生鲜超市工作手册副食调料篇》：海量图解日本生鲜超市先进管理技能
定价：48.00 元

《生鲜超市工作手册 POP 篇》：海量图解日本生鲜超市先进管理技能
定价：38.00 元

《日本新干线 7 分钟清扫奇迹》：我们的商品不是清扫，而是"旅途的回忆"
定价：39.80 元

《像顾客一样思考》：不懂你，又怎样搞定你?
定价：38.00 元

《好服务是设计出来的》：设计，是对服务的思考
定价：38.00 元

《让头回客成为回头客》：回头客才是企业持续盈利的基石
定价：38.00 元

《餐饮连锁这样做》：日本餐饮连锁店经营指导第一人
定价：39.00 元

《养老院长的 12 堂管理辅导课》：90%的养老院长管理烦恼在这里都能找到答案
定价：39.80 元

《大数据时代的医疗革命》：不放过每一个数据，不轻视每一个偶然
定价：38.00 元

《如何战胜竞争店》：在众多同类型店铺中脱颖而出
定价：38.00 元

《这样打造一流卖场》：能让顾客快乐购物的才是一流卖场
定价：38.00 元

《店长促销烦恼急救箱》：经营者、店长、店员都必读的"经营学问书"
定价：38.00 元

《餐饮店爆品打造与集客法则》：迅速提高营业额的"五感菜品"与"集客步骤"
定价：58.00 元

《赚钱美发店的经营学问》：一本书全方位掌握一流美发店经营知识
定价：52.00 元

《新零售全渠道战略》：让顾客认识到"这家店真好，可以随时随地下单、取货"
定价：48.00 元

《良医有道：成为好医生的 100 个指路牌》：做医生，走经由"救治和帮助别人而使自己圆满"的道路
定价：58.00 元

《口腔诊所经营 88 法则》：引领数百家口腔诊所走向成功的日本口腔经营之神的策略
定价：45.00 元

《来自 2 万名店长的餐饮投诉应对术》：如何搞定世界上最挑剔的顾客
定价：48.00 元

《超市经营数据分析、管理指南》：来自日本的超市精细化管理实操读本
定价：60.00 元

《超市管理者现场工作指南》：来自日本的超市精细化管理实操读本
定价：60.00 元

《超市投诉现场应对指南》：来自日本的超市精细化管理实操读本
定价： 60.00 元

《超市现场陈列与展示指南》
定价： 60.00 元

《向日本超市店长学习合法经营之道》
定价： 78.00 元

《让食品网店销售额增加 10 倍的技巧》
定价： 68.00 元

《让顾客不请自来！卖场打造 84 法则》
定价： 68.00 元

《有趣就畅销！商品陈列 99 法则》
定价： 68.00 元

《成为区域旺店第一步——竞争店调查》
定价： 68.00 元

《餐饮店如何打造获利菜单》
定价： 68.00 元

《日本家具 & 家居零售巨头 NITORI 的成功五原则》
定价： 58.00 元

《咖啡店卖的并不是咖啡》
定价： 68.00 元

《革新餐饮业态： 胡椒厨房创始人的突破之道》
定价： 58.00 元

《餐饮店简单改换门面， 就能增加新顾客》
定价： 68.00 元

《让 POP 会讲故事， 商品就能卖得好》
定价： 68.00 元

《经营自有品牌： 来自欧美市场的实践与调查》
定价： 78.00 元

《卖场数据化经营》
定价： 58.00 元

《超市店长工作术》
定价： 58.00 元

《习惯购买的力量》
定价: 68.00 元

《7-ELEVEn 的订货力》
定价: 58.00 元

《与零售巨头亚马逊共生》
定价: 58.00 元

《下一代零售连锁的 7 个经营思路》
定价: 68.00 元

《唤起感动: 丽思卡尔顿酒店"不可思议"的服务》
定价: 58.00 元

《7-ELEVEn 物流秘籍》
定价: 68.00 元

《价格坚挺, 精品超市的经营秘诀》
定价: 58.00 元

《超市转型: 做顾客的饮食生活规划师》
定价: 68.00 元

《连锁店商品开发》
定价： 68.00 元

《顾客爱吃才畅销》
定价： 58.00 元

《便利店差异化经营——罗森》
定价： 68.00 元

《餐饮营销 1： 创造回头客的 35 个开关》
定价： 68.00 元

《餐饮营销 2： 让顾客口口相传的 35 个开关》
定价： 68.00 元

《餐饮营销 3： 让顾客感动的小餐饮店"纪念日营销"》
定价： 68.00 元

《餐饮营销 4： 打造顾客支持型餐饮店 7 步骤》
定价： 68.00 元

《餐饮营销 5： 让餐饮店坐满女顾客的色彩营销》
定价： 68.00 元

《餐饮创业实战1：来，开家小小餐饮店》
定价：68.00元

《餐饮创业实战2：小投资、低风险开店开业教科书》
定价：88.00元

《餐饮创业实战3：人气旺店是这样做成的！》
定价：68.00元

《餐饮创业实战4：三个菜品就能打造一家旺店》
定价：68.00元

《餐饮创业实战5：做好"外卖"更赚钱》
定价：68.00元

《餐饮创业实战6：喜气的店客常来，快乐的人福必至》
定价：68.00元

《丽思卡尔顿酒店的不传之秘：超越服务的瞬间》
定价：58.00元

《丽思卡尔顿酒店的不传之秘：纽带诞生的瞬间》
定价：58.00元

《丽思卡尔顿酒店的不传之秘： 抓住人心的服务实践手册》
定价： 58.00元

更多本系列精品图书，敬请期待！

图字：01-2020-2001 号

YASUURI OU ICHIDAI Watashi no "Don Quijote" Jinsei by YASUDA Takao
Copyright © 2015 YASUDA Takao
All rights reserved.
Original Japanese edition published by Bungeishunju Ltd., Japan in 2015.
Chinese (in simplified character only) translation rights in PRC reserved by People's Oriental Publishing & Media Co., Ltd., under the license granted by YASUDA Takao, Japan arranged with Bungeishunju Ltd., Japan through Hanhe Inernational (HK) Co., Ltd.

中文简体字版专有权属东方出版社

图书在版编目（CIP）数据

廉价王：我的"唐吉诃德"人生 /（日）安田隆夫 著；李优雅 译.—北京：东方出版社，2020.10
（服务的细节；104）
ISBN 978-7-5207-1704-5

Ⅰ.①廉… Ⅱ.①安… ②李… Ⅲ.①零售商店—经营管理—经验—日本 Ⅳ.①F733.131.7

中国版本图书馆 CIP 数据核字（2020）第 186455 号

服务的细节 104：廉价王：我的"唐吉诃德"人生
（FUWU DE XIJIE 104：LIANJIAWANG：WO DE "TANGJIHEDE" RENSHENG）

作　　者：	[日] 安田隆夫
译　　者：	李优雅
责任编辑：	崔雁行　高琛倩
出　　版：	东方出版社
发　　行：	人民东方出版传媒有限公司
地　　址：	北京市朝阳区西坝河北里 51 号
邮　　编：	100028
印　　刷：	北京汇瑞嘉合文化发展有限公司
版　　次：	2020 年 11 月第 1 版
印　　次：	2020 年 11 月第 1 次印刷
开　　本：	880 毫米×1230 毫米　1/32
印　　张：	7.875
字　　数：	143 千字
书　　号：	ISBN 978-7-5207-1704-5
定　　价：	68.00 元
发行电话：	(010) 85924663　85924644　85924641

版权所有，违者必究
如有印装质量问题，我社负责调换，请拨打电话：(010) 85924602　85924603